MARCO POLO

SPRACHFÜHRER PORTUGIESISCH

NIE MEHR SPRACHLOS!

Einfach kurz nach dem Weg fragen? Einen netten Plausch mit Einheimischen führen? Die exotische Speisekarte im Restaurant verstehen? Auch in Notfällen blitzschnell reagieren können? In all diesen Situationen ist der MARCO POLO Sprachführer der beste Begleiter für Ihren Urlaub.

Nach Reisethemen geordnet, gibt der Sprachführer schnelle Orientierung und sorgt dafür, dass Sie in jeder Situation die richtigen Worte parat haben und mitreden können.

Für das ganz leichte Gepäck ist der heraustrennbare Spickzettel mit den allerwichtigsten Wendungen perfekt. Und sollten Sie doch mal sprachlos sein: Da helfen die praktischen Zeigebilder ganz unkompliziert weiter.

Viel Spaß auf Ihrer Reise!

www.marcopolo.de/portugiesisch

PORTUGIESISCH

Wie viel kostet es?
Quanto custa?
['kuantu 'kuschta]

> EINFACHE AUSSPRACHE

Keine Scheu, einfach loslegen!
Für die korrekte Aussprache sorgt die einfache Lautschrift – bei sämtlichen Wörtern, Begriffen und Formulierungen.

> ZEIGEBILDER

Bilder machen die Verständigung noch leichter. Ob beim Shoppen, im Restaurant, im Hotel oder bei Fragen zum Auto: Unsere Zeigebilder helfen in jedem Fall schnell weiter.

> SCHNELL NACHGESCHLAGEN

VON A BIS Z
Die wichtigsten Themen alphabetisch sortiert: vom Arztbesuch bis zum Telefongespräch.

WÖRTERBUCH
Hier finden Sie die 1333 wichtigsten Begriffe. Einfach praktisch!

> *www.marcopolo.de/portugiesisch*

INHALT

> SPEISEKARTE

Mit Spaß bestellen und mit Genuss essen – denn für Sie ist die Speisekarte in Landessprache ab jetzt kein Buch mit sieben Siegeln mehr.

> VOLLES PROGRAMM

Kultur oder Action, Sprach- oder Kochkurs, Tauchen oder Theaterabend: Formulierungen, die dafür sorgen, dass Ihr Urlaub noch spannender wird.

> WIE DIE EINHEIMISCHEN

Insider Tipps Damit Sie als echter Insider gelten, nicht als Tourist.

BLOSS NICHT!
Hilft, Fettnäpfchen zu vermeiden.

ACHTUNG! SLANG
Einheimische noch besser verstehen!

WORTLOS GLÜCKLICH: ZEIGEBILDER

Farben, Muster, Materialien helfen Ihnen beim Einkaufen. Weitere Helfer für (fast) jede Gelegenheit finden Sie in diesem Sprachführer.

AUSSPRACHE

Zur Erleichterung der Aussprache sind alle portugiesischen Wörter und Wendungen zusätzlich mit einer einfachen Aussprache (in eckigen Klammern) versehen. Die Buchstaben in der Aussprache werden ausgesprochen wie im Deutschen, mit folgenden Sonderzeichen:

‿ Bindung zwischen zwei Wörtern,
z. B. De acordo! [d‿a'kordu] (Einverstanden!)
' vor einer Silbe bedeutet, dass die nachfolgende Silbe betont ist;
z. B. pequeno [pö'kenu] (klein).

Beachten Sie:

- In Doppelvokalen behält jeder Vokal seinen eigenen Klang: o peixe [u 'päisch] (Fisch), o museu [u mu'se-u] (Museum).

Portugiesisch in Portugal ist nicht immer Portugiesisch in Brasilien.
Um Missverständnisse zu vermeiden, hier eine kleine beispielhafte Auswahl an Wörtern, die unterschiedlich sind oder eine andere Bedeutung haben:

Portugal	Brasilien	
Olá! [ol'la]	Oi! [oi]	Hallo/Grüß dich!
frigorífico [frigu'rifiku]	geladeira [schela'dera]	Kühlschrank
casa de banho ['kasa dö 'banju]	banheiro [ba'njeru]	Toilette
rapariga [rapa'riga]	moça ['mosa]	Mädchen/junge Frau

Vorsicht: Rapariga bedeutet in Brasilien „Straßenmädchen"!

rabo ['rabu]	bunda ['bunda]	Hintern/Po

Vorsicht: Rabo hört sich in Brasilien sehr vulgär an!

ABKÜRZUNGEN

adj	Adjektiv, Eigenschaftswort
adv	Adverb, Umstandswort
Br	brasilianisch (brasileiro)
conj	Konjunktion, Bindewort
jdm	jemandem
jdn	jemanden
pers prn	Personalpronomen
poss prn	Possessivpronomen
prn	Pronomen, Fürwort
prp	Präposition, Verhältniswort
s.	sich

Substantive mit der Endung **o** sind männlich; Substantive mit der Endung **a** sind weiblich. Nur bei Abweichungen von dieser Regel und bei anderen Endungen wird das Geschlecht der Substantive durch den Artikel angegeben. Bei Substantiven im Plural steht immer der Artikel.

> EXTRABETT IN STRANDNÄHE

Ob Sie ein Traumhotel am Meer suchen oder ein Zusatzbett im Zimmer brauchen: Formulieren Sie Ihre Urlaubswünsche per E-Mail oder am Telefon – und gehen Sie ganz entspannt auf Reisen.

BUCHUNG PER E-MAIL

HOTEL | O HOTEL [u ot'täl]

Sehr geehrte Damen und Herren,
vom 24. bis 26. Juni hätte ich gern für zwei Nächte ein Einzel-/Doppel-/Zweibettzimmer. Bitte teilen Sie mir mit, ob Sie ein Zimmer frei haben und was es pro Nacht, einschließlich Frühstück, kostet.
Mit freundlichen Grüßen

> *www.marcopolo.de/portugiesisch*

REISE PLANUNG

Caro/a Senhor/a:
Gostaria de reservar um quarto individual/de casal/de duas camas por duas noites de 24 a 26 de Junho. Informem-me por favor se há um quarto livre para essa data e qual o preço por dia com pequeno almoço (Br café da manhã).
Com os melhores cumprimentos

MIETWAGEN | CARROS DE ALUGUER ['karusch dö alu'gär]

Sehr geehrte Damen und Herren,
für die Zeit vom 20. bis 25. Juli möchte ich gern ab Flughafen XXX einen Kleinwagen/einen Mit-

telklassewagen/einen Kleinbus mieten. Mein Rückflug geht ab YY und deshalb möchte ich das Auto dort zurückgeben. Bitte teilen Sie mir Ihre Tarife mit und welche Unterlagen ich benötige. Mit freundlichen Grüßen

Caro/a Senhor/a
Gostaria de alugar de 20 a 25 de Julho um carro pequeno/um carro do segmento médio/uma carrinha no aeroporto de XXX. Como o voo de regresso parte do aeroporto de YY, queria devolver o carro nesse aeroporto. Indiquem-me por favor as tarifas e quais os documentos que são necessários apresentar.
Com os melhores cumprimentos

FRAGEN ZUR UNTERKUNFT

Ich suche ein schönes Hotel/ Bed and Breakfast in der Altstadt (mit besonders guter Küche).	Procuro um bom hotel/Bed and Breakfast na parte antiga da cidade (com muito boa comida). [pro'kur_ung bong ot'täl/bäd and bräk'föst na 'part_an'tiga da si'dad (kong 'muintu boa ku'mida)]
Ist es zentral/ruhig/ in Strandnähe gelegen?	Fica no centro/num lugar sossegado/perto da praia? ['fika nu 'sentru/nung lu'gar susö'gadu/'pärtu da 'praja]
Wie viel kostet das pro Woche?	Quanto custa por semana? ['kuantu 'kuschta pur sö'mana]
Hat diese Unterkunft eine Internet- oder E-Mail-Adresse?	Este alojamento tem um endereço na Internet ou correio ele(c)trónico? ['escht_aluscha'mentu täi ung endö'resu na intar'nät o ku'reju ilä'tronniku]

Hotel	o hotel [u ot'täl]
Pension	a pensão [a pen'sau]
Zimmer	quarto ['kuartu]
Ferienwohnung	apartamento [aparta'mentu]

HOTEL/PENSION/ZIMMER
HOTEL/PENSÃO/QUARTO [ot'täl/pen'sau/'kuartu]

Übernachtung: Seite 64 ff.

Ich suche ein Hotel, jedoch nicht zu teuer – etwas in der mittleren Preislage.	Procuro um hotel não muito caro – de preço médio. [pro'kur_ung ot'täl nau 'muintu 'karu dö 'presu 'mädju]
Ich suche ein Hotel mit Wellnessbereich/ Swimmingpool	Procuro um hotel com zona de wellness/piscina/ campo de golfe/campo de ténis. [pro'kuru ung ot'täl kong 'sona dö u'älnäs/pösch'sina]

Ich suche ein familienfreundliches/behindertengerechtes Hotel.	Procuro um hotel adequado para famílias/ equipado para deficientes. [pro'kur ungot'täl adöku'adu 'para fa'miljas/iki'padu 'para döfösi'entösch.]
Können Sie mir ein ruhiges Zimmer/Zimmer mit Aussicht/ Zimmer mit Balkon geben?	Pode dar-me um quarto sossegado/um quarto com vistas/um quarto com varanda? ['podd 'darm_ung 'kuartu susö'gadu/ung 'kuartu kong 'wischtasch/ung 'kuartu kong wa'randa]
Ist es möglich, ein weiteres Bett in einem der Zimmer aufzustellen?	Será possível pôr mais uma cama num dos quartos? [sö'ra pu'siwäl por maisch uma 'kama nung dusch 'kuartusch]

FERIENHÄUSER/FERIENWOHNUNGEN
CASAS E APARTAMENTOS DE FÉRIAS ['kasasch i aparta'mentusch dö 'färjasch]

Übernachtung: Seite 70 f.

Ich suche eine Ferienwohnung oder ein Ferienhaus.	Procuro um apartamento de férias ou uma casa de férias. [pro'kur_ung aparta'mentu dö 'färjasch o 'uma 'kasa dö 'färjasch]
Für wie viele Leute soll es sein?	Para quantas pessoas? ['para 'kuantasch pö'soasch]
Gibt es ...?	Há ...? [a]
ein Kinderbett/ einen Kinderstuhl	uma cama de criança/uma cadeira de criança ['uma'kama dö 'krjansa/uma ka'däira dö 'krjansa]
eine Küche	cozinha [ku'sinja]
eine Waschmaschine	máquina de lavar a roupa ['makina dö la'war_a 'ropa]
einen Fernseher	televisão [tölöwi'sau]
WLAN	Wi-Fi [uai'fai]
Werden Bettwäsche und Handtücher gestellt?	Há roupa de cama e toalhas? [a 'ropa dö 'kam_i tu'aljasch]
Wie viel muss ich anzahlen und wann ist die Anzahlung fällig?	Quanto se paga de sinal e quando? ['kuantu s 'paga dö si'nal i 'kuandu]
Wo und wann kann ich die Schlüssel abholen?	Onde e quando posso buscar a chave? ['ond_i 'kuandu 'posu busch'kar_a 'schaw]

CAMPING | CAMPISMO [kam'pischmu]

Ich suche einen schönen Campingplatz (am Wasser).	Procuro um parque de campismo (Br um camping) bonito (junto à água). [pro'kuru ung 'park dö kam'pischmu (ung 'kamping) bu'nitu ('schunt_a 'agua]
Können Sie mir etwas empfehlen?	Pode-me recomendar alguma coisa? ['poddöm rökumen'dar al'guma 'koisa]

> MEHR ERLEBEN

Nur keine Scheu! Der Smalltalk im Café, die Plauderei beim Einkauf, der Flirt beim Clubben – reden Sie drauflos, es ist einfacher, als Sie denken! Und macht die Reise erst so richtig spannend.

BEGRÜSSUNG | CUMPRIMENTAR [kumprimen'tar]

Guten Morgen/Tag!	Bom dia!/Boa tarde! [bong 'dia/'boa 'tard]
Guten Abend!	Boa tarde!/Boa noite! ['boa 'tard/'boa 'noit]
Hallo!/Grüß dich!	Olá! [ol'la]
Wie geht es Ihnen?	Como está? ['komu schta]
Wie geht's?	Como é que vais/estás? ['komu ä k waisch/stasch]
Und Ihnen?	E o senhor/a senhora/você? [i u sö'njor/a sö'njora/wos'se]
Und dir?	E tu? [i tu]

IM GESPRÄCH

MEIN NAME IST ... | O MEU NOME É ... [u me-u 'nom_ä]

Wie ist Ihr Name?	Como se chama? ['komu s 'schama]
Wie heißt du?	Como te chamas? ['komu t 'schamasch]
Darf ich bekannt machen?	Permita-me que lhe apresente … [pör'mitam k lj_aprösent]
Das ist ...	
Frau X.	a senhora D. X. [a sö'njora 'dona]
Herr X.	o senhor X. [u sö'njor]
mein Partner./ meine Partnerin.	o meu companheiro./a minha companheira. [u me-u kongpa'njäiru/a 'minja kongpa'njäira
Nett, Sie kennenzulernen.	Muito prazer. ['muintu pra'ser]

AUF WIEDERSEHEN!
BOM DIA!/BOA TARDE!/BOA NOITE! [bong 'dia/'boa 'tard/'boa 'noit]

Tschüss!	Adeus!/(Br) Tchau! [a'de-usch/tschau]
Bis später!	Até logo! [a'tä 'loggu]
Bis morgen!	Até amanhã! [atä ama'njang]
Bis bald!	Até breve! [a'tä 'bräw]
Gute Nacht!	Boa noite! ['boa 'noit]
Es war schön, Sie/dich kennenzulernen.	Foi bom tê-lo/-la/ter-te conhecido. [fo-i bong 'telu/'tela/'tert kunjö'sidu]

BITTE | SE FAZ FAVOR [s fasch fa'wor]

Darf ich Sie um einen Gefallen bitten?	Posso pedir-lhe um favor? ['possu pö'dirlj_ung fa'wor]
Können Sie mir bitte helfen?	Pode ajudar-me, se faz favor? ['podd_aschu'darm s fasch fa'wor]
Gestatten Sie?	Dá licença? [da li'sensa]
Bitte sehr./Gern geschehen.	De nada./Não tem de quê. [dö 'nada/nau täi dö ke]
Mit Vergnügen!	Com muito prazer! [kong 'muintu pra'ser]

DANKE! | OBRIGADO!/OBRIGADA! [obri'gadu/obri'gada]

Vielen Dank!	Muito obrigado/obrigada! ['muint_obri'gadu/_obri'gada]
Danke, sehr gern!	Obrigado/Obrigada, com muito prazer! [obri'gadu/obri'gada kong 'muintu pra'ser]
Nein, danke!	Não, obrigado/obrigada! [nau obri'gadu/obri'gada]
Danke, gleichfalls!	Obrigado/Obrigada, igualmente! [obri'gadu/obri'gada igual'ment]
Das ist nett, danke.	Obrigado/Obrigada, é muito amável da sua/tua parte. [obri'gadu/obri'gada, ä 'muint_a'mawäl da 'sua/'tua 'part]

ENTSCHULDIGUNG! | DESCULPE!/DESCULPA! [dösch'kulp/dösch'kulpa]

Tut mir leid (, dass ich zu spät komme)!	Lamento (ter chegado tarde)! [la'mentu (ter schö'gadu 'tard)]
Schade!	Que pena! [k 'pena]

IM GESPRÄCH

HERZLICHEN GLÜCKWUNSCH!
MUITOS PARABÉNS! ['muintusch para'bäisch]

Alles Gute zum Geburtstag!	Muitos parabéns pelo seu/teu aniversário! 'muintusch para'bäisch 'pelu se-u/te-u aniwör'sarju]
Viel Erfolg!/Viel Glück!	Boa sorte!/Felicidades! ['boa 'sorrt/fölisi'dadösch]
Gute Besserung!	Boas melhoras! ['boasch mö'ljorrasch]

KOMPLIMENTE | ELOGIOS [ilu'schiusch]

Wie schön!	Que bonito! [k bu'nitu]
Das ist wunderbar!	É maravilhoso! [ä marawi'ljosu]
Es ist wirklich traumhaft hier!	Isto é mesmo paradisíaco! ['ischtu a 'meschmu parad'iziaku]
Sie sprechen sehr gut Deutsch.	Fala muito bem alemão. ['fala 'muintu bäi alö'mau]

WIE DIE EINHEIMISCHEN

Insider Tipps

Anrede

Junge Leute halten es unkompliziert. Sie duzen sich schnell. Ist man für ein „Du" noch nicht genug vertraut, spricht man sich trotzdem mit dem Vornamen und „Sie" an. Ansonsten gilt bei den Herren *Senhor* [sö'njor] und meistens der Nachname (*Senhor Pereira*). Bei den Damen sagt man *Dona* ['dona] vor dem Vornamen (*Dona Manuela*). Das natürlich nur, wenn man sich nicht näher kennt ...

Begrüßung

Wenn Sie bis 12 Uhr mittags jemanden begrüßen oder verabschieden, so tun Sie dies mit einem einfachen *Bom dia* [bong 'dia]. Nachmittags, bis zum Anbruch der Dunkelheit (im Sommer also auch abends), sagt man *Boa tarde* ['boa tard] und nachts *Boa noite* ['boa noit].
Sehr nett hört sich ein *Olá* [ol'la] mit freundlicher Betonung an. Ein *Olá, bom dia!* [ol'la bong 'dia] (oder entsprechend, s. o.) kommt in lockerer Umgebung immer gut an.

Ich möchte durch!

Mit einem bestimmten *Com licença* [kong li'sensa] (wortwörtlich „Mit Verlaub") kommen Sie durch jede Menschenmenge (Straßen-, U-Bahn). Ohne Hilfe von Ellenbogen. Es hört sich sogar höflich an!

Sie sehen gut aus!	É muito bonito/bonita! [ä 'muintu bu'nitu/bu'nita]
Ich finde Sie sehr sympathisch/nett.	É muito simpático/simpática. [ä 'muintu sim'patiku/sim'patika]

ausgezeichnet	excelente [schsö'lent]
beeindruckend	impressionante [impröjsu'nant]
hübsch	bonito [bu'nitu], giro (fam) ['schiru]
lecker	delicioso [döli'sjosu]
schön	lindo ['lindu]

SMALLTALK | CONVERSINHA [konwär'sinja]

ZUR PERSON DADOS PESSOAIS ['dadusch pösu'aisch]

Wie alt sind Sie/bist du?	Quantos anos tem/tens? ['kuantus_'anusch täi /täisch]
Ich bin 24.	Tenho vinte e quatro anos. ['tenju 'wint_i 'kuatru 'anusch]
Was machen Sie/machst du beruflich?	Qual é a sua/tua profissão? [kual_ä a 'sua/'tua prufi'sau]
Ich bin ...	Sou … [so]
Ich arbeite bei ...	Trabalho em … [tra'balju äi]
Ich gehe noch zur Schule.	Ainda ando na escola. [a'inda 'andu na 'schkola]
Ich bin Student/in.	Sou estudante universitário/universitária. [so schtu'dant_uniwörsi'tarju/_uniwörsi'tarja]

HERKUNFT UND AUFENTHALT ORIGEM E ESTADIA [o'rischäi i schta'dija]

Woher kommen Sie?	Donde é que é? ['dond_ä kjä]
Woher kommst du?	Donde é que tu és? ['dond_ä k tu äsch]
Ich bin aus ...	Sou de … [so dö]
Ich komme aus Deutschland.	Sou da Alemanha. [so d_alö'manja]
Sind Sie/Bist du schon lange in ...?	Já está/estás há muito tempo em ... ? [scha schta/schtas_a 'muintu 'tempu äi]
Ich bin seit ... hier.	Estou cá desde ... [schto ka 'deschd]
Wie lange bleiben Sie/bleibst du?	Quanto tempo vai/vais cá ficar? ['kuantu 'tempu wai/waisch ka fi'kar]
Gefällt es Ihnen?	Gosta de estar cá? ['goschta d_ösch'tar ka]
Wie ist Ihre/deine E-Mail-Adresse/Handynummer?	Como é o seu/o teu endereço eletrónico/número de telemóvel? ['komu ä u se-u endö'resu ilä'troniku/'numöru dö tälä'mowwäl]

FREIZEIT TEMPOS LIVRES [tempusch 'liwrösch]

Was machen Sie/machst du in der Freizeit?	O que faz/fazes nos tempos livres? [u kö fasch/'fasösch nusch 'tempusch 'liwrösch]
Ich interessiere mich für ...	Interesso-me por … [intö'räsum pur]

IM GESPRÄCH

Kunst/Kultur/Architektur/ Design/Fashion	arte/cultura/arquitetura/design/moda [art/kul'tura/arkitä'tura/di'sain/'modda]
Sind Sie/Bist du auf Facebook?	Está/Estás no Facebook? [schta/schtasch nu 'facebook]]
Haben Sie/Hast du WhatsApp?	Tem/Tens WhatsApp? [täi/täisch uahts'app]
fotografieren	fotografia [futugra'fia]
Kino/Filme	cinema/filmes [si'nema/'filmösch]
kochen	cozinhar [kusi'njar]
lesen	ler [ler]
malen/zeichnen	pintar/desenhar [pin'tar/dösö'njar]
Musik hören/machen	ouvir/fazer música [o'wir/fa'ser 'musika]
reisen	viajar [wja'schar]
Sprachen lernen	aprender línguas [apren'der 'linguasch]

SPORT DESPORTO [dösch'portu]

Volles Programm: Seite 81 ff.

Welchen Sport treiben Sie/ treibst du?	Que desporto (Br esporte) pratica/praticas? [k dösch'portu (es'porrti) pra'tika/pra'tikasch]
Ich spiele ...	Eu jogo … [e-u 'schogu]
Fußball/Tennis/Volleyball/ Handball/Tischtennis	Futebol/Ténis/Voleibol/Andebol/Ténis de mesa [futö'boll/'tänisch/wolläi'boll/andö'boll/'tänisch dö 'mesa]
Ich gehe regelmäßig ins Fitnesscenter zum/Yoga.	Vou com regularidade ao centro de manutenção física/ioga. [wo kong rögulari'dad_au 'sentru dö manuten'sau 'fisika/i'oga]
Ich jogge/schwimme/ fahre Rad.	Faço jogging/natação/ciclismo. ['fasu 'dschoging/nata'sau/si'klischmu]

VERABREDUNG/FLIRT | ENCONTRO/FLIRT [en'kontru /flört]

Haben Sie/Hast du für morgen schon etwas vor?	Já tem/tens alguns planos para amanhã? [scha täi/täis_al'gunsch 'planusch par_ama'njang]
Treffen wir uns heute Abend?	Encontramo-nos hoje à noite? [enkong'tramunusch 'osch_a 'noit
Wann treffen wir uns?	A que horas nos encontramos? [a 'kjorrasch nus_enkon'tramusch]
Treffen wir uns um (20.00) Uhr vor .../ im ...	Encontramo-nos às (20) horas frente a/ao … / no/a … [enkong'tramunusch asch' ('winti) 'orrasch a 'frent du.../nu/na...]
Hast du einen Freund/eine Freundin?	Tens namorado/namorada? [täisch namu'radu/namu'rada]
Bist du verheiratet?	És casado/casada? [äsch ka'sadu/ka'sada]
Du hast wunderschöne Augen!	Tens uns olhos maravilhosos! [täis_uns_'olljusch marawi'ljosusch]

Ich finde dich ganz toll!	Acho que és espetacular! [aschu k äsch' äschpätakul'ah]
Ich liebe dich!	Amo-te! ['amut]
Ich möchte mit dir schlafen.	Gostaria de fazer amor contigo. [guschta'ria dö fa'ser a'mor kon'tigu]
Aber nur mit Kondom!	Mas só com preservativo! [masch so kong prösörwa'tiwu]
Hast du Kondome?	Tens preservativos? [täisch prösörwa'tiwusch]
Wo kann ich welche kaufen?	Onde os posso comprar? ['ond_usch 'posu kom'prar]
Ich will nicht.	Não quero. [nau 'käru]
Bitte geh jetzt!	Vai-te embora, por favor! ['wait em'borra pur fa'wor]
Hör sofort auf!	Pára imediatamente! ['para imödi'atament]
Hau ab!	Põe-te a andar! ['poit_a an'dar]
Lassen Sie mich bitte in Ruhe!	Por favor, deixe-me em paz! [pur fa'wor 'däischöm_äi pasch]

ZEIT

UHRZEIT | AS HORAS [as_'orrasch]

WIE VIEL UHR IST ES? QUE HORAS SÃO? ['kjorrasch sau]

> Zeitangaben: Umschlagklappe vorne

UM WIE VIEL UHR?/WANN? A QUE HORAS?/QUANDO? [a 'kjorrasch/'kuandu]

Um 1 Uhr.	À uma (hora). [a 'uma ('orra)]
In einer Stunde.	Dentro de uma hora. ['dentru d_'uma 'orra]
Zwischen 3 und 4.	Entre as três e as quatro. ['entr_asch tres_i asch 'kuatru]

WIE LANGE? QUANTO TEMPO? ['kuantu 'tempu]

Zwei Stunden (lang).	(Durante) duas horas. [(du'rant) 'duas_'orrasch]
Von 10 bis 11.	Das dez às onze. [dasch däs_as_'ons]
Bis 5 Uhr.	Até às cinco horas. [a'tä asch'sinku 'orrasch]

SEIT WANN? DESDE QUANDO? ['deschd 'kuandu]

Seit 8 Uhr morgens.	Desde as oito da manhã. ['deschd_as_'oitu da ma'njang]
Seit einer halben Stunde.	Há meia hora. [a 'meja 'orra]

SONSTIGE ZEITANGABEN
OUTRAS INDICAÇÕES TEMPORAIS ['otras_indika'soisch tämpu'raisch]

morgens	de/pela manhã [dö/'pela ma'njang]
mittags	ao meio-dia [au 'meju 'dia]
nachmittags	à/de tarde [a/d 'tard]

abends	à tarde [a 'tard], à noite [a 'noit]
nachts	de/à noite [dö/a 'noit]
vorgestern	anteontem [an'tjontäi]
gestern	ontem ['ontäi]
vor zehn Minuten	há dez minutos [a däsch mi'nutusch]
heute	hoje ['osch]
jetzt	agora [a'gorra]
morgen	amanhã [ama'njang]
übermorgen	depois de amanhã [dö'poisch d_ama'njang]
diese Woche	esta semana ['äschta sö'mana]
am Wochenende	no fim-de-semana [nu fing d_sö'mana]
am Sonntag	no domingo [nu du'mingu]
in 14 Tagen	dentro de 15 dias ['dentru dö 'kins 'diasch]
nächstes Jahr	para o ano [pro 'anu]
manchmal	às vezes [asch 'wesösch]
alle halbe Stunde	de meia em meia hora [dö 'meja äi 'meja 'orra]
stündlich	(jede Stunde) de hora a hora [d_'orra 'orra]
täglich	(jeden Tag) todos os dias ['todus_usch 'diasch]
alle zwei Tage	de dois em dois dias [dö dois_äi doisch 'diasch]
innerhalb einer Woche	dentro de uma semana ['dentru d_'uma sö'mana]
bald	em breve [äi 'bräw]

WIE DIE EINHEIMISCHEN

Insider Tipps

Saudade

Sie waren nicht in Portugal, wenn Sie das Wort *saudade* [sau'dad] nicht gehört haben! Es ist ein Gefühl, viel besungen im traditionellen Volksgesang *Fado* ['fadu], eine Mischung aus Sehnsucht, Heim- und Fernweh mit stark melancholischem Hang. Gehen Sie zum Abendessen in ein *Casa de Fado* ['kasa dö 'fadu] (Fado-Haus), wie es sie zahlreich in den alten Lissabonner Stadtvierteln gibt. Vielleicht packt Sie auch die *saudade*, wenn Sie zu Hause an Portugal zurückdenken.

Ist sie stehen geblieben?

Nein, die Bahnhofsuhr ist nicht stehen geblieben. In Portugal ist es einfach eine Stunde früher als bei Ihnen zu Hause, denn man richtet sich nach dem Greenwich-Meridian (GMT).

DATUM | DATA ['data]

Den Wievielten haben wir heute?	Quantos são hoje? ['kuantusch sau 'osch]
Heute ist der 1. Mai.	Hoje é o primeiro de Maio. ['osch_ä u pri'mäiru dö 'maju]

WOCHENTAGE | DIAS DA SEMANA ['diasch da sö'mana]

Montag	segunda-feira [sö'gunda 'fäira]
Dienstag	terça-feira ['tersa 'fäira]
Mittwoch	quarta-feira ['kuarta 'fäira]
Donnerstag	quinta-feira ['kinta 'fäira]
Freitag	sexta-feira ['säischta 'fäira]
Samstag	sábado ['sabadu]
Sonntag	domingo [du'mingu]

MONATE | MESES ['mesösch]

Januar	Janeiro [scha'näiru]
Februar	Fevereiro [föwö'räiru]
März	Março ['marsu]
April	Abril [a'bril]
Mai	Maio ['maju]
Juni	Junho ['schunju]
Juli	Julho ['schulju]
August	Agosto [a'goschtu]
September	Setembro [sö'tembru]
Oktober	Outubro [o'tubru]
November	Novembro [nu'wembru]
Dezember	Dezembro [dö'sembru]

JAHRESZEITEN | ESTAÇÕES DO ANO [schta'soisch du 'anu]

Frühling	Primavera [prima'wära]
Sommer	o Verão [u wö'rau]
Herbst	Outono [o'tonu]
Winter	Inverno [in'wärnu]

> www.marcopolo.de/portugiesisch

FEIERTAGE | FERIADOS [fö'rjadusch]

Neujahr	Ano Novo ['anu 'nowu]
Karneval	o Carnaval [u karna'wal]
Fastnachtsdienstag	Terça-Feira de Carnaval ['tersa 'fäira dö karna'wal]
Aschermittwoch	Quarta-Feira de Cinzas ['kuarta 'fäira dö 'sinsasch]
Karfreitag	Sexta-Feira Santa ['säischta 'fäira 'santa]
Ostern	Páscoa ['paschkua]
Tag der Freiheit (25.4.)	Dia da Liberdade ['dia da liber'dad]
Fronleichnam	Corpo de Deus ['korpu dö de-usch]
Nationalfeiertag (Port., 10.6.)	Feriado Nacional ['fö'rjadu nasju'nal]
Maria Himmelfahrt	a Assunção (15 de Agosto) [a_asun'sau ('kins d_a'goschtu)]
Nationalfeiertag (Br., 7.9.)	Festa Nacional ['fäschta nasjo'nau]
Allerheiligen	Todos os Santos ['todus_usch 'santusch]
Heiliger Abend/Weihnachten	consoada/o Natal [kon'suada/u na'tal]
Silvester	Ano Novo ['anu 'nowu]

WETTER

Wie wird das Wetter heute?	Como é que vai estar o tempo hoje? ['komuä k wai schtar_u 'tempu 'osch]
Es bleibt schön/schlecht.	O tempo continua bom/mau. [u 'tempu konti'nua bong/mau]
Es wird wärmer/kälter.	Vamos ter mais calor/mais frio. ['wamusch ter maisch ka'lor/maisch 'friu]
Es soll regnen/schneien.	Deve chover/nevar. ['däw schu'wer/nö'war]
Wie viel Grad haben wir heute?	Quantos graus temos hoje? ['kuantusch grausch 'temus_'osch]
Es hat 20 Grad.	Estão 20 graus. [schtau 'wint grausch]

bewölkt	nublado [nu'bladu]
Ebbe	a baixa-mar [a 'baischa mar], a maré baixa [a ma'rä 'baischa]
Flut	a preia-mar [a 'preja mar], a maré cheia [a ma'rä 'scheja]
Gewitter	trovoada [truwu'ada]
heiß	quente ['kent]
kalt	frio ['friu]
Regen	chuva ['schuwa]
schwül	abafado [aba'fadu]
Sonne	o sol [u soll]
Trockenheit	seca ['seka]
Überschwemmung	a inundação/cheia [a inunda'sau/'scheja]
warm	quente ['kent]
Wind	vento ['wentu]

> WO GEHT ES NACH ...?

Wenn Sie sich verirrt oder verfahren haben oder einfach nicht mehr weiterwissen: Fragen Sie! Dieses Kapitel hilft Ihnen dabei.

WO GEHT'S LANG?

Bitte, wo ist ...?	Se faz favor, onde é ...? [s fasch fa'wor 'ond_ä]
Welches ist der kürzeste Weg nach/zu ...?	Qual é o caminho mais curto para ...? [kual_ä u ka'minju maisch 'kurtu 'para]
Wie weit ist das?	Quantos quilómetros são? ['kuantusch ki'lommötrusch sau]
Es ist (nicht) weit.	(Não) É longe. [(nau) ä 'lonsch]
Gehen Sie geradeaus.	Siga em frente. ['sig_äi 'frent]
Gehen Sie nach links/rechts.	Vire à esquerda/direita. ['wir_a 'schkerda/di'räita]
Erste/Zweite Straße links/ rechts.	A primeira/segunda rua à esquerda/direita. [a pri'mäira/sö'gunda 'rua 'schkerda/di'räita]

UNTER WEGS

Überqueren Sie ...	Atravesse … [atra'wäs_]
die Brücke.	a ponte. [_a 'pont]
den Platz.	a praça. [_a 'prasa]
die Straße.	a rua. [_a 'rua]
Dann fragen Sie noch einmal.	Depois terá de perguntar outra vez. [dö'poisch tö'ra dö pörgun'tar_'otra wesch]
Sie können ... nehmen.	Pode tomar … ['podd tu'mar]
den Bus	o autocarro (Br ônibus). [u auto'karu ('onibus)]
die Straßenbahn	o eléctrico (Br bonde). [u i'lätriku ('bondi)]
die U-Bahn	o metro (Br metrô). [u 'mätru (me'tro)]

AN DER GRENZE

ZOLL/PASS | ALFÂNDEGA/O PASSAPORTE [al'fandöga]/u pasa'porrt]

Ihren Pass, bitte!	O seu passaporte, se faz favor! [u se-u pasa'porrt s fasch fa'wor]
Haben Sie ein Visum?	Tem um visto? [täi ung 'wischtu]
Haben Sie etwas zu verzollen?	Tem alguma coisa a declarar? [täi al'guma 'koisa dökla'rar]
Nein, ich habe nur ein paar Geschenke.	Não, senhor, levo apenas alguns presentes. [nau sö'njor läwu a'penas_al'gunsch prö'sentösch]
Fahren Sie bitte rechts heran.	Encoste ali à direita, se faz favor. [en'konscht_a'li a di'räita s fasch fa'wor]
Öffnen Sie bitte den Kofferraum/diesen Koffer.	Abra a mala do carro/esta mala, se faz favor. ['abra 'mala du 'karu/'äschta 'mala s fasch fa'wor]
Muss ich das verzollen?	Tenho de pagar direitos disto? ['tenju dö pa'gar di'räitusch 'dischtu]

Ausfuhr	a exportação [a schpurta'sau]
Einfuhr	a importação [a impurta'sau]
Einreise	entrada [en'trada]
Familienname	apelido [apö'lidu]
Familienstand	estado civil ['schtadu si'wil]
ledig	solteiro [sol'täiru]
verheiratet	casado [ka'sadu]
Führerschein	carta (Br carteira) de condução ['karta (kar'tera) dö kondu'sau]
Geburtsdatum	data de nascimento ['data dö naschsi'mentu]
Geburtsname	o nome de solteira [u 'nom dö sol'täira]
Geburtsort	o local de nascimento [u lu'kal dö naschsi'mentu]
gültig	válido ['walidu]
Nationalitätskennzeichen	placa de nacionalidade ['plaka dö nasjunali'dad]
Personalausweis	o bilhete (Br a carteira) de identidade [u bi'ljet (a kar'tera) d_identi'dad]
Reisepass	o passaporte [u pasa'porrt]
Staatsangehörigkeit	a nacionalidade [a nasjunali'dad]
Visum	visto ['wischtu]
Vorname	o prenome [u prö'nom], o nome [u 'nom]
Wohnort	domicílio [dumi'silju]
Zoll	alfândega [al'fandöga]
zollfrei	isento de direitos [i'sentu dö di'räitusch]
zollpflichtig	sujeito a direitos [su'schäitu a di'räitusch]

... MIT DEM AUTO/MOTORRAD/ FAHRRAD

ENTSCHULDIGUNG, WIE KOMME ICH NACH ...? DESCULPE, COMO SE VAI PARA ...? [dösch'kulp 'komu s wai 'para]

Wie weit ist das?	Quantos quilómetros são? ['kuantusch ki'lommötrusch sau]
Entschuldigung, ist das die Straße nach ...?	Se faz favor, é esta a estrada para ...? [s fasch fa'wor ä 'äschta 'schtrada 'para]
Wie komme ich zur Autobahn nach ...?	Como se vai para a auto-estrada de ...? ['komu s wai 'para 'auto 'schtrada dö]
Immer geradeaus bis ...	Sempre em frente até ... ['sempr_äi 'frent_a'tä]
Dann links/rechts abbiegen.	Depois vire à esquerda/direita. [dö'poisch 'wir_a 'schkerda/di'räita]

VOLLTANKEN, BITTE | CHEIO, SE FAZ FAVOR ['scheju s fasch fa'wor]

Wo ist bitte die nächste Tankstelle?	Se faz favor, onde é o posto de gasolina mais próximo? [s fasch fa'wor 'ond_ä u 'poschtu dö gasu'lina maisch 'prossimu]
Normalbenzin/Super/Diesel/ Elektroladestation	gasolina normal/súper/gasóleo/a estação carregadora elétrica [gasu'lina norr'mal/'supär/ga'sollju/ a schat'sau karöga'dora i'lätrika]
Prüfen Sie bitte ...	Pode-me fazer o favor de verificar ... ['poddöm fa'ser_u fa'wor dö wörifi'kar]
den Ölstand.	o nível do óleo? [u 'niwäl du 'ollju]
den Reifendruck.	a pressão dos pneus? [a prö'sau dusch pne-usch]
Wo sind bitte die Toiletten?	Onde é a casa de banho? ['ond_ä a 'kasa dö 'banju]
Gibt es eine Behindertentoilette?	Tem casa de banho para deficientes? [täi 'kasa dö 'banju 'para döfösi'entösch?]

PARKEN | ESTACIONAMENTO [schtasjuna'mentu]

Gibt es hier in der Nähe eine Parkmöglichkeit?	Se faz favor, há aqui perto um parque de estacionamento? [s fasch fa'wor a a'ki 'pärt_um 'park dö_schtasjuna'mentu]
Kann ich das Auto hier abstellen?	Posso deixar aqui o carro? ['possu däi'schar_a'ki u 'karu]

PANNE | AVARIA [awa'ria]

Können Sie mir Starthilfe geben?	Podia ajudar-me com o seu cabo de bateria? [pu'dia aschu'darm kong u se-u 'kabu dö batö'ria]
Würden Sie bitte den Pannendienst anrufen?	Poderia fazer-me o favor de telefonar para o serviço de pronto socorro? [pudö'ria fa'serm_u fa'wor dö tölöfu'nar 'para u sör'wisu dö 'prontu su'koru]
Könnten Sie mir mit Benzin aushelfen?	Podia-me dispensar um pouco de gasolina, se faz favor? [pu'diam dischpen'sar_ung 'poku dö gasu'lina s fasch fa'wor]
Ich habe einen Platten.	Tenho um furo. ['tenj ung 'furu]
Ich habe kein Benzin mehr.	Já não tenho gasolina. [dscha nau 'tenju gasu'lina]
Die Batterie ist leer.	A bateria está descarregada. [a bat'rija schta döschkarö'gada]
Könnten Sie mir beim Reifenwechsel helfen?	Podia ajudar-me a mudar a roda, se faz favor? [pu'di_aschu'darm_a mu'dar_a 'rodda s fasch fa'wor]
Würden Sie mich bis zur nächsten Tankstelle mitnehmen?	Pode levar-me até à estação de serviço mais próxima? ['podd lö'warm_a'tä a schta'sau dö sör'wisu maisch 'prossima]

WERKSTATT | OFICINA [ofi'sina]

Mein Wagen springt nicht an.	O meu carro não pega. [u me-u 'karu nau 'päga]
Können Sie mal nachsehen?	Pode-me fazer o favor de verificar? ['poddöm fa'ser_u fa'wor dö wörifi'kar]
Die Batterie ist leer.	A bateria está descarregada. [a bat'rija schta döschkarö'gada]
Mit dem Motor stimmt was nicht.	O motor não funciona bem. [u mu'tor nau fun'sjona bäi]
Die Bremsen funktionieren nicht.	Os travões (Br freios) não funcionam. [usch tra'woisch ('frejus) nau fun'sjonau]
... ist/sind defekt.	… está avariado/estão avariados. [schta awa'rjadu/schtau awa'rjadusch]
Der Wagen verliert Öl.	O carro perde óleo. [u 'karu 'pärd_'ollju]
Wechseln Sie bitte die Zündkerzen aus.	Mude as velas, se faz favor. ['mud_asch 'wälasch s fasch fa'wor]
Was wird es kosten?	Quanto é que isso irá custar? ['kuantuä k_'isu i'ra kusch'tar]

UNFALL | UM ACIDENTE [ung asi'dent]

Rufen Sie schnell ...	Chame depressa … ['scham dö'präsa]
einen Krankenwagen.	uma ambulância. [um_ambu'lansja]
die Polizei.	a polícia. [a pu'lisja]
die Feuerwehr.	os bombeiros. [usch bom'bäirusch]
Sind Sie verletzt?	Está ferido? [schta fö'ridu]

Haben Sie Verbandszeug?	Tem uma farmácia portátil? [täi 'uma far'masja pur'tatil]
Es war meine Schuld.	A culpa foi minha. [a 'kulpa foi 'minja]
Es war Ihre Schuld.	A culpa foi sua. [a 'kulpa foi 'sua]
Sollen wir die Polizei holen oder können wir uns so einigen?	Chamamos a polícia ou podemos chegar a acordo? [scha'mamus_a pu'lisja o pu'demusch schö'gar_a a'kordu]
Geben Sie mir bitte Ihren Namen und Ihre Anschrift?	Pode-me dizer o seu nome e o seu endereço, faz favor? ['poddöm di'ser u 'se-eu 'nom i u 'se-eu endö'resu fasch fa'wor]
Vielen Dank für Ihre Hilfe.	Muito obrigado/obrigada pela sua ajuda. ['muint_obri'gadu/_obri'gada 'pela su_a'schuda]

abschleppen	rebocar [röbu'kar]
Abschleppseil	cabo de reboque ['kabu dö rö'bock]
Abschleppwagen	o reboque [u rö'bock]
Airbag	o airbag [u 'ärbäg]
Ampel	semáforo [sö'mafuru]
Autobahn	auto-estrada ['auto 'schtrada]
Automatik(getriebe)	caixa de velocidades automática ['kaischa dö wölusi'dadös_autu'matika]
Batterie	bateria/pilha [batö'ria ((Auto))/'pilja]
Baustelle	(as) obras [(as_)'obbrasch]
Benzin	gasolina [gasu'lina]
Benzinkanister	bidão de gasolina [bi'dau dö gasu'lina]
Bremsbelag	calço do travão (Br do freio) ['kalsu du tra'wau (du 'freju)]
Bußgeld	multa ['multa]
Defekt	avaria [awa'ria], falha ['falja]
Erdgas-/Elektrotankstelle	Posto de abastecimento de gás natural/de energia elé(c)trica ['poschtu d_ abaschtesi'mentu dö gasch natu'ral/d_iner'schia i'lätrika]
Fahrrad	bicicleta [bisi'kläta]
Fahrspur	pista ['pischta], faixa ['faischa]
Fernlicht	os máximos [usch 'masimusch]
Flickzeug	caixa de remendos ['kaischa dö rö'mendusch]
Führerschein	carta (Br carteira) de condução ['karta (kar'tera) dö kondu'sau]
Fußbremse	o travão (Br freio) de pé [u tra'wau ('freju) dö pä]
Gang	a velocidade [a wölusi'dad]
Gaspedal	o acelerador [u asölöra'dor]
gebrochen	partido [par'tidu]
Getriebe	caixa de velocidades ['kaischa dö wölusi'dadösch]
Handbremse	o travão (Br freio) de mão [u tra'wau ('freju) dö mau]
Heizung	aquecimento [akäsi'mentu]
Helm	o capacete [u kapa'set]
Hupe	buzina [bu'sina]

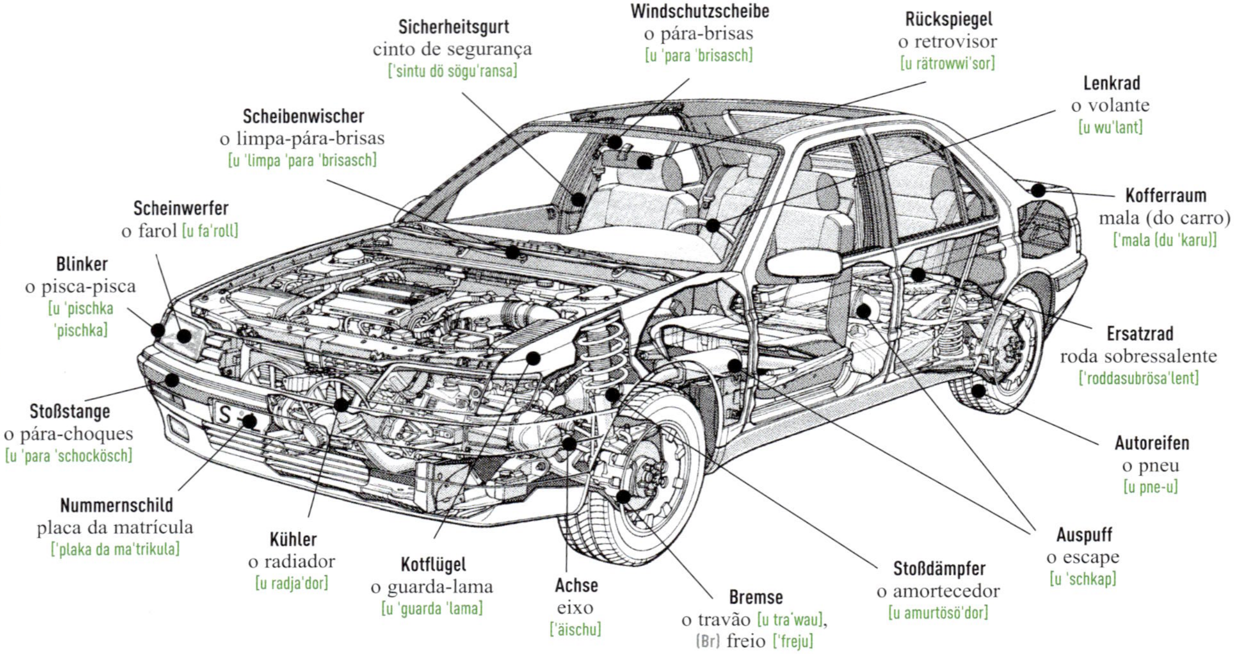

> www.marcopolo.de/portugiesisch

Kabel	cabo ['kabu]
Kreuzung	cruzamento [krusa'mentu]
Kühlwasser	água de refrigeração ['agua dö röfrischöra'sau]
Kupplung	a embraiagem [a embra'jaschäi], (Br) a embreagem [a em'brjaschäi]
Kurve	curva ['kurwa]
Landstraße	estrada ['schtrada]
Luftpumpe	bomba de ar ['bomba d_ar]
Maut	a portagem [a pur'taschäi]
Motor	o motor [u mu'tor]
Motorrad/Motorroller	motocicleta/lambreta [mottossi'kläta/lam'breta]
Notrufsäule	o telefone de socorro [u tölö'fonn dösu'koru]
Oktanzahl	número de octanas ['numöru d_ock'tanasch]
Öl/Ölwechsel	óleo/mudança de óleo ['ollju/mu'dansa d_'ollju]
Panne	avaria [awa'ria]
Pannendienst	serviço de assistência [sör'wisu dö asisch'tensja]
Papiere	os papéis [usch pa'päisch], os documentos [usch duku'mentusch]
Parkhaus, Parkplatz	o parque de estacionamento [u 'park dö_schtasjuna'mentu]
Promille	o nível de álcool no sangue [u 'niwäl d_'alkuoll nu 'sang]
PS	CV/cavalos-vapor [ka'walusch wa'por]
Radarkontrolle	velocidade controlada por radar [wölusi'dad kontru'lada pur ra'dar]
Raststätte	área de serviço ['arja dösör'wisu]
Reifenpanne	furo no pneu ['furu nu pne-u]
Schiebedach	te(c)to-de-abrir ['tätu d_a'brir]
Schraube	parafuso [para'fusu]
Schraubenschlüssel	a chave inglesa [a 'schaw_in'glesa]
Schutzblech	o guarda-lama [u 'guarda 'lama]
Standlicht	os mínimos [usch 'minimusch]
Starthilfekabel	cabo de ligação ['kabu dö liga'sau]
Stau	engarrafamento [engarafa'mentu]
Straße	rua ['rua]
Straßenkarte	o mapa das estradas [u 'mapa das_ösch'tradasch]
Tachometer	o conta-quilómetros [u 'konta ki'lommötrusch]
Tankstelle	posto de gasolina ['poschtu dö gasu'lina]
Umleitung	desvio [dösch'wiu]
Ventil	válvula ['walwula]
Vergaser	o carburador [u karbura'dor]
Vollkasko	seguro contra todos os riscos [sö'guru 'kontra 'todus_usch 'rischkusch]
Wagenheber	macaco [ma'kaku]
Wagenwäsche	a lavagem do carro [a la'waschäi du 'karu]
Warnblinker	o sinal de perigo [u si'nal döpö'rigu]

Warndreieck triângulo [tri'angulu]
Werkstatt oficina [ofi'sina]
Werkzeug ferramenta [föra'menta]
Zündkerze vela ['wäla]
Zündschloss a ignição [a igni'sau]
Zündschlüssel a chave de ignição [a 'schaw d_igni'sau]
Zündung a ignição [a igni'sau]

FAHRZEUGVERMIETUNG
ALUGUER DE CARROS [alu'gär dö' 'karusch]

Ich möchte für ... Tage/eine Woche ... mieten. Queria alugar … por … dias/uma semana. [kö'ri_alu'gar ...pur ...'diasch/'uma sö'mana]
Auto/Wohnmobil/Roller/Fahrrad um carro/uma autocaravana/uma vespa/uma bicicleta [ung 'karu/uma autukara'wana/uma 'weschpa/ uma bisi'kläta]
Bitte mit ... Por favor com … [pur fa'wor kong]
Automatik. transmissão automática. [transchmi'sau autu'matika]
Klimaanlage. ar condicionado. [ar kondisiu'nadu]
Navigationsgerät. GPS. [sche-pe-äs]
Haben Sie Kindersitze/Babyschalen? Tem cadeiras de criança/cadeiras de bebé? [täi ka'däirasch dö 'krjansa/ ka'däirasch dö bä'bä]
Wie viel kostet es pro Tag/Woche? Quanto custa por dia/por semana? ['kuantu 'kuschta pur 'dia/pur sö'mana]
Wie viele Kilometer sind inklusive Quantos quilómetros estão incluídos [kuantusch ki'lommötrusch schtau in'kluidusch]

Ist das Fahrzeug vollkaskoversichert? O carro tem seguro contra todos os riscos? [u 'karu täi sö'guru 'kontra 'todus_usch 'rischkusch]

Ist es möglich, das Fahrzeug in ... abzugeben? É possível entregar o carro em …? [ä pu'siwäl_entrö'gar_u 'karu äi]

... MIT DEM FLUGZEUG

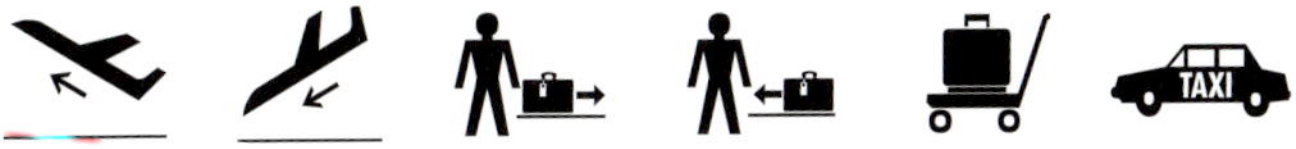

ABFLUG | PARTIDA [par'tida]

Wo ist der Schalter der ...-Fluggesellschaft? Onde é o guiché da …? [ond_ä u gi'schä da]

Wann fliegt die nächste Maschine nach ...? A que horas parte o próximo avião para …? [a 'kjorrasch 'part_u 'prossim_a'wjau 'para]

Ich möchte einen einfachen Flug nach ... buchen. Quero marcar uma passagem simples de avião para … ['käru mar'kar_'uma pa'saschäi 'simplösch d_a'wjau 'para]

Ich möchte einen Hin- und Rückflug nach ... buchen. Quero marcar uma passagem de ida e volta para … ['käru mar'kar_'uma pa'saschäi d_'ida i 'wollta 'para]

Sind noch Plätze frei? Ainda há lugares? [a'ind_a lu'garösch]

Ich möchte diesen Flug stornieren. Queria cancelar este voo. [kö'ria kansö'lar_'escht wou]

Ich möchte diesen Flug umbuchen. Queria mudar este voo. [kö'ria mu'dar escht wou]

Wir reisen mit einem Kleinkind. Könnten wir Plätze ganz vor bekommen? Viajamos com uma criança. É possível atribuir-nos lugares à frente/junto ao corredor? [wja'schamusch kong 'uma krjansa. Podd darnusch lu'garösch a 'frent/schuntu au kurö'dor]

Kann ich das als Handgepäck mitnehmen? Posso levar isto como bagagem de mão? ['possu lö'war_'ischtu 'komu ba'gaschäi dö mau]

Wird ein Rollstuhl am Flughafen bereit gestellt? Uma/A minha cadeira de rodas está à minha espera no aeroporto? ['uma/a minja ka'däira dö 'roddasch schta a minja schpära nu aäro'portu?]

ANKUNFT | CHEGADA [schö'gada]

Mein Gepäck ist verloren gegangen. A minha bagagem perdeu-se. [a 'minja ba'gaschäi pör'de-us]

Mein Koffer ist beschädigt worden. A minha mala está estragada. [a 'minja 'mala schta schtra'gada]

Ankunftszeit	hora da chegada ['orra da schö'gada]
Anschluss	a ligação [a liga'sau], (Br) a conexão [a konä'ksau]
anschnallen, sich	apertar o cinto [apör'tar_u 'sintu]
Anschnallgurt	cinto de segurança ['sintu dö sögu'ransa]
an Bord	a bordo [a 'borrdu]
Bordkarte	o cartão de embarque [u kar'tau d_em'bark]
Buchung	reserva [rö'särwa], a marcação [a marka'sau]
Direktflug	voo dire(c)to ['wou di'rätu]
einchecken	fazer o check-in [fa'ser_u schäk'in]
elektronisches Ticket	o bilhete eletrónico [u bi'ljet_ilä'troniku]
Fenstersitz	o lugar à janela [u lu'gar_a scha'näla]
Flug	voo ['wou]
Flugbegleiter/in	comissário/hospedeira de bordo [kumi'sarju/oschpö'däira dö 'bordu]
Fluggesellschaft	companhia de aviação [kompa'njia d_awja'sau]
Flughafenbus	autocarro (Br o ônibus) do aeroporto [auto'karu (u 'onibus) du aäro'portu]
Flughafengebühr	taxa de aeroporto ['tascha d_aäro'portu]
Flugplan	horário (dos aviões) [o'rarju (dus_a'wjoisch)]
Flugstrecke	rota ['rotta], linha aérea ['linj_a'ärja]
Flugzeug	o avião [u a'wjau]
Gepäck	a bagagem [a ba'gaschäi]
Gepäckabfertigung	despacho da bagagem [dösch'paschu da ba'gaschäi]
Gepäckausgabe	entrega da bagagem [en'träga da ba'gaschäi]
Handgepäck	a bagagem de mão [a ba'gaschäi dö mau]
Landung	a aterragem [a_atö'raschäi], (Br) a aterrissagem [a_ateri'saschäi]
Notausgang	saída de emergência [sa'ida d_imör'schensja]
Notlandung	a aterragem (Br aterrissagem) forçada [a_atö'raschäi (ateri'saschäi) fur'sada]
planmäßiger Abflug	partida conforme o horário [par'tida kon'forrm_u o'rarju]
Schalter	o guiché [u gi'schä]
Schwimmweste	o colete de salvação [u ku'let dö salwa'sau]
Sicherheitskontrolle	controlo (Br o controle) de segurança [kon'trolu (u kon'trolli) dö sögu'ransa]
Spucktüte	saco de vómito ['saku dö 'womitu]
stornieren	cancelar [kansö'lar]
umbuchen	mudar o vôo [mu'dar_u'wou]
Verspätung	atraso [a'trasu]
zollfreier Laden	loja franca ['loscha 'franka], duty-free shop ['djuti fri schopp]
Zwischenlandung	escala ['schkala]

UNTERWEGS

… MIT DEM ZUG

AM BAHNHOF | NA ESTAÇÃO [na schta'sau]

Wann fährt der nächste Zug nach …?	Quando parte o próximo comboio para ...? ['kuandu 'part u 'prossimu kom'bojju 'para]
Eine einfache Fahrt 2./1. Klasse nach …, bitte.	Um bilhete de segunda/de primeira classe para …, se faz favor. [ung bi'ljet dö sö'gunda/d pri'mäira 'klas 'para … s fasch fa'wor]
Zweimal … hin und zurück, bitte.	Dois bilhetes de ida e volta para …, se faz favor. [doisch bi'ljetösch d‿'ida i 'wollta 'para ...s fasch fa'wor]
Gibt es einen Spartarif?	Há tarifa económica? [a ta'rifa iku'nomika]
Gibt es eine Ermäßigung für Kinder/Studenten?	Há uma redução para crianças/estudantes? [a 'uma rödu'sau 'para 'krjansasch/schtu'dantösch]
Muss ich einen Platz reservieren?	Tenho que reservar lugar? ['tenju k rösör'war lu'gar]
Bitte eine Platzkarte für den Zug um … Uhr nach …	Queria reservar um lugar no comboio das … para … [kö'ria rösör'war ‿ung lu'gar nu kom'bojju dasch 'para]
Ich möchte diesen Koffer als Reisegepäck aufgeben.	Queria despachar esta mala com o bilhete. [kö'ria döschpa'schar 'äschta 'mala kong u bi'ljet]
Hat der Zug aus … Verspätung?	O comboio (Br trem) de … tem atraso? [u kom'bojju (träi) dö ...täi a'trasu]
(Wo) Muss ich umsteigen?	(Onde) Tenho de mudar de comboio (Br trem)? [('ond)'tenju dö mu'dar dö kom'bojju (träi)]
Von welchem Gleis fährt der Zug nach … ab?	De que linha parte o comboio (Br trem) para …? [dö k 'linja 'part‿u kom'bojju (träi) 'para]
Kann ich ein Fahrrad mitnehmen?	Posso levar uma bicicleta? ['posu lö'war 'uma bisi'kläta]

IM ZUG | NO COMBOIO [nu kom'bojju]

Verzeihung, ist dieser Platz noch frei?	Desculpe, este lugar está livre? [dösch'kulp 'escht lu'gar schta 'liwr]
Hält dieser Zug in …?	Este comboio (Br trem) pára em …? ['escht kom'bojju (träi) 'para äi]

Abfahrt	partida [par'tida]
Abfahrtszeit	hora da partida ['orra da par'tida]
Abteil	compartimento [komparti'mentu]
ankommen	chegar [schö'gar]
Anschlusszug	comboio de ligação (Br o trem de conexão) [kom'bojiu dö liga'sau/u träi dö kunä'ksau]

Aufenthalt	a paragem [a pa'raschäi]
aussteigen	descer [dösch'ser]
Autoreisezug	comboio (Br o trem) para transporte de automóveis [kom'bojju (u träi) 'para transch'porrt d_autu'mowwäisch]
Bahnhof	a estação [a schta'sau]
Bahnhofsrestaurant	o restaurante da estação [u röschtau'rant da schta'sau]
besetzt	ocupado [ocku'padu]
einsteigen	subir [su'bir], entrar [en'trar]
Ermäßigung	a redução [a rödu'sau], desconto [dösch'kontu]
Fahrkarte	o bilhete [u bi'ljet]
Fahrkartenschalter	bilheteira [biljö'täira] (Br) bilheteria [biljete'ria]
Fahrplan	horário [o'rarju]
Fahrpreis	preço do bilhete ['presu du bi'ljet]
Fensterplatz	o lugar à janela [u lu'gar_a scha'näla]
frei	livre ['liwr]
Gepäck	a bagagem [a ba'gaschäi]
Gepäckaufbewahrung	depósito de bagagens [dö'possitu dö ba'gaschäisch]
Gepäckschein	guia ['gia]
Gleis	linha (férrea) ['linja ('färja)]
Hauptbahnhof	a estação central [a schta'sau sen'tral]
Internetbuchung/Ausdruck	reserva por Internet/a impressão [rö'serwa pur intar'nät/a imprö'sau]
Kinderfahrkarte	meio-bilhete ['meju bi'ljet]
Nichtraucherabteil	compartimento para não fumadores [komparti'mentu 'para nau fuma'dorösch]
Notbremse	o sinal de alarme [u si'nal d_a'larm], freio de emergência ['freju d_imör'schensja]
Platzkarte	o bilhete de marcação de lugar [u bi'ljet dö marka'sau dö lu'gar]
Reservierung	reserva [rö'särwa], a marcação [a marka'sau]
Rückfahrkarte	o bilhete de ida e volta [u bi'ljet d_'ida i 'wollta]
Schlafwagen	a carruagem-cama [a karu'aschäi 'kama]
Schließfach	cacifo [ka'sifu]
Sitzplatzreservierung	reserva de lugar [rö'särwa dö lu'gar]
Speisewagen	o vagon-restaurante [u wa'gong-röschtau'rant]
Stromanschluss	tomada de corrente [tu'mada dö ku'rent]
Toilette	casa de banho ['kasa dö 'banju], (Br) banheiro [ba'njeru]
Wartesaal	sala de espera ['sala dö_'schpära]
Zug	caminho (Br estrada) de ferro [ka'minju (es'trada) dö 'färu]
Zugfähre	o ferry-boat [u 'färi bot], (Br) barca ['barka]

... MIT DEM SCHIFF

IM HAFEN | NO PORTO [nu 'portu]

Wann fährt das nächste Schiff nach ... ab?	Quando parte o próximo navio para ...? ['kuandu 'part_u 'prossimu na'wiu 'para]
Wie lange dauert die Überfahrt?	Quanto tempo dura a travessia? ['kuantu 'tempu 'dura trawö'sia]
Ich möchte eine Schiffskarte nach ...	Queria uma passagem para ... [kö'ria 'uma pa'saschäi 'para]
Ich möchte eine Karte für die Rundfahrt um ... Uhr.	Queria um bilhete para a excursão das ... (horas). [kü'ria um bi'ljet 'para schkur'sau dasch ...('orrasch)]

AN BORD | A BORDO [a 'borrdu]

Wo ist der Speisesaal/der Aufenthaltsraum?	Onde é a sala de jantar/o salão? [ond_ä a 'sala dö schan'tar/u sa'lau]
Ich fühle mich nicht wohl.	Não me sinto bem. [nau m 'sintu bäi]
Geben Sie mir bitte ein Mittel gegen Seekrankheit.	Pode-me dar um remédio contra o enjôo, se faz favor? ['poddöm dar_ung rö'mädju 'kontra u en'schou s fasch fa'wor]

Anlegeplatz	embarcadouro [embarka'doru]
an Bord	a bordo [a 'borrdu]
Autofähre	o ferry-boat [u 'färi bot] (Br) barca ['barka]
Dampfer	o vapor [u wa'por]
Eisenbahnfähre	o ferry-boat [u 'färi bot], (Br) barca ['barka]
Fähre	barco ['barku], o ferry-boat [u 'färi bot]
Fahrkarte	o bilhete [u bi'ljet]
Hafen	porto ['portu]
Kabine	cabina [ka'bina], o camarote [u kama'rott]
Kapitän	o piloto [u pi'lotu]
Küste	costa ['koschta]
Landausflug	a excursão a terra [a schkur'sau a 'tära]
Luftkissenboot	o hovercraft [u owör'kraft]
Motorboot	barco a motor ['barku a mu'tor], lancha a gasolina ['lanscha gasu'lina]
Rettungsboot	barco salva-vidas ['barku 'salwa 'widasch]
Rettungsring	bóia salva-vidas ['bojja 'salwa 'widasch]
Ruderboot	barco a remos ['barku a 'remusch]
Schwimmweste	o colete de salvação [u ku'let dö salwa'sau]
Seegang	a ondulação [a ondula'sau]
seekrank	enjoado [en'schuadu]

NAHVERKEHR

BUS/U-BAHN | AUTOCARRO/METRO [auto'karu/me'tru]

Bitte, wo ist die nächste ...	Onde é a ... [ond_ä a]
Bushaltestelle?	paragem do autocarro (Br parada do ônibus) mais próxima? [pa'raschäi du auto'karu (pa'rada du 'onibus) maisch 'prossima]
Straßenbahnhaltestelle?	paragem do eléctrico (Br parada do bonde) mais próxima? [pa'raschäi du i'lätriku (pa'rada du 'bondi) maisch 'prossima]
U-Bahnstation?	estação do metro (Br metrô) mais próxima? [schta'sau du 'mätru (me'tro) maisch 'prossima]
Welche Linie fährt nach ...?	Qual é a linha que vai para ...? [kual_ä a 'linja k wai 'para]
Wann fährt der Bus ab?	Quando parte o autocarro (Br ônibus)? ['kuandu 'part_u auto'karu ('onibus)]
Wo fährt der Bus ab?	Donde parte o autocarro (Br ônibus)? ['dond 'part_u auto'karu ('onibus)]
Wo muss ich aussteigen/umsteigen?	Onde tenho que descer/mudar? ['ond 'tenju k dösch'ser/mu'dar]
Könnten Sie mir bitte Bescheid geben, wenn ich aussteigen muss?	Pode-me avisar quando eu tiver de descer? ['poddöm awi'sar 'kuandu eu ti'wär dö dösch'ser]
Wo kann ich den Fahrschein kaufen?	Onde é que posso comprar o bilhete? ['ond_ä k 'possu kom'prar_u bi'ljet]
Bitte, einen Fahrschein nach ...	Um bilhete para ..., se faz favor. [um bi'ljet 'para ...s fasch fa'wor]
Kann ich ein Fahrrad mitnehmen?	Posso levar uma bicicleta? ['posu lö'war 'uma bisi'kläta]

Abfahrt	partida [par'tida]
aussteigen	descer [dösch'ser], apear-se [a'pjars]
Bus	(Stadtverkehr) autocarro (Br o ônibus) [auto'karu (u 'onibus)]; (Überlandbus) camioneta [kamiju'näta]
einsteigen	subir [su'bir], entrar [en'trar]
Endstation	término ['tärminu]
Fahrer	o condutor [u kondu'tor], o motorista [u mutu'rischta]
Fahrkartenautomat	máquina distribuidora de bilhetes ['makina dischtribui'dora dö bi'ljetösch]
Fahrpreis	preço do bilhete ['presu du bi'ljet]
Fahrschein	o bilhete [u bi'ljet]
Haltestelle	a paragem [a pa'raschäi], (Br) parada [pa'rada]

Kontrolleur/Schaffner	o revisor/o condutor [u röwi'sor/u kondu'tor]
Straße	rua ['rua]
Straßenbahn	eléctrico (Br bonde). [i'lätriku ('bondi)]
Tageskarte	o bilhete diário [u bi'ljet di'ariu]
Touristenticket	o bilhete turístico [u bi'ljet tu'rischtiku]
U-Bahn	metro (Br metrô). ['mätru (me'tro)]
Wochenkarte	o passe semanal [u 'pas söma'nal]

TAXI | TÁXI ['taksi]

Könnten Sie mir bitte ein Taxi rufen?	Pode chamar um táxi, por favor? [podd scha'mar_ung 'taksi pur fa'wor]
Wo ist der nächste Taxistand?	Pode-me dizer, se faz favor, onde é a praça de táxis mais próxima? ['poddöm di'ser s fasch fa'wor 'ond_ä a 'prasa dö 'taksisch maisch 'prossima]
Zum Bahnhof.	Para a estação. ['para schta'sau]
Zum ...-Hotel.	Para o hotel … ['para u ot'täl]
In die ...-Straße.	Rua … ['rua]
Nach ..., bitte.	Para …, se faz favor. ['para ...s fasch fa'wor]
Wie viel kostet es nach ...?	Quanto terei de pagar para ir até …? ['kuantu tö'räi dö pa'gar 'para ir_a'tä]
Das ist zu viel.	Isso é demais. ['isu ä dö'maisch]
Halten Sie bitte hier.	Pare aqui, por favor. ['par_a'ki pur fa'wor]
Das ist für Sie.	Isto é para si (Br para você). ['ischtu ä 'para si ('para wos'se)]
Könnten Sie mir bitte eine Quittung ausstellen?	Pode-me passar um recibo? ['poddöm pa'sar_ung rö'sibu]

Fahrpreis	preço da viagem ['presu da wia'schäi]
Taxifahrer	o taxista [u ta'ksischta]
Taxistand	praça de táxis ['prasa dö 'taksisch]
Trinkgeld	gorjeta [gur'scheta]

MITFAHREN

Fahren Sie nach ...?	Vai para? [wai 'para]
Könnte ich ein Stück mitfahren?	Pode dar-me boleia (Br carona)? [podd 'darm bu'leja/ka'rona]
Ich würde gerne hier aussteigen.	Queria ficar aqui. [kö'ria fi'kar_a'ki]
Vielen Dank fürs Mitnehmen.	Muito obrigado pela boleia (Br carona). ['muint_obri'gadu 'pela bu'leja/ka'rona]

> KULINARISCHE ABENTEUER

Mit Spaß bestellen und mit Genuss essen – denn für Sie ist die Speisekarte in der Landessprache kein Buch mit sieben Siegeln.

ESSEN GEHEN | COMER FORA [ku'mer 'fora]

Wo gibt es hier bitte ...	Pode-me dizer, se faz favor, onde há aqui … ['poddöm di'ser s fasch fa'wor ond_a a'ki]
ein gutes Restaurant?	um bom restaurante? [ung bong röschtau'rant]
ein typisches Restaurant?	um restaurante típico? [ung röschtau'rant 'tipiku]
Reservieren Sie uns bitte für heute Abend einen Tisch für 4 Personen.	Pode-nos reservar para hoje à noite uma mesa para quatro pessoas, se faz favor? ['poddönusch rösör'war 'para 'osch_a 'noit 'uma 'mesa 'para 'kuatru pö'soasch s fasch fa'wor]
Ist dieser Tisch/Platz noch frei?	Esta mesa/Este lugar está livre? ['äschta 'mesa/'escht lu'gar schta 'liwr]

ESSEN UND TRINKEN

Einen Tisch für (2/3) Personen, bitte.	Uma mesa para (duas/três) pessoas, se faz favor. ['uma 'mesa 'para 'duasch/tresch pö'soasch s fasch fa'wor]
Haben Sie einen (Nicht-) Raucherbereich?	Tem zona para (não-)fumadores? [täi 'zona 'para (nau) fuma'dorösch]
Wo sind bitte die Toiletten?	Onde é a casa de banho (Br o banheiro), por favor? ['ond_ä a 'kasa dö 'banju (u ba'njeru) pur fa'wor]
Guten Appetit!	Bom apetite! [bong apö'tit]
Auf Ihr Wohl!	À sua saúde! [a 'sua sa'ud]
Das Essen war ausgezeichnet.	A comida estava excelente. [a ku'mida 'schtawa schsö'lent]
Ich bin satt, danke.	Estou satisfeito, obrigado. [schto satisch'fäitu obri'gadu]
Stört es Sie, wenn ich rauche?	O fumo incomoda? [u 'fum_inku'moda]

BESTELLUNG | PEDIDO [pö'didu]

Herr Ober/Bedienung, ...	Se faz favor … [s fasch fa'wor]
die Speisekarte, bitte.	a lista (Br o cardápio). [a 'lischta (u kar'dapju)]
die Getränkekarte, bitte.	a lista das bebidas. [a 'lischta dasch bö'bidasch]
die Weinkarte, bitte.	a carta de vinhos. [a 'karta dö 'winjusch]
Was können Sie empfehlen?	O que é que me aconselha? [u kjä k m_akon'selja]
Ich nehme ...	Quero … ['käru]
Ich hätte gerne etwas Typisches aus der Region.	Queria uma coisa típica desta região. [kö'ria 'uma 'koisa 'tipika 'däschta röschi'au]
Ich bin Diabetiker/Vegetarier/Veganer.	Sou diabético/vegetariano/vegano. [so dia'bätiku/wöschötarj'anu/wö'ganu]
Ich bin allergisch gegen ...	Sou alérgico/alérgica a … [so a'lärschiku/a'lärschika a]
Eier/Gluten/Milchprodukte/Natriumglutamat/Nüsse.	ovos/glúten/laticínios/glutamato de sódio/nozes. ['owusch/'glutön/lati'siniusch/gluta'matu dö 'sodju/'nosösch]
Was wollen Sie trinken?	O que é que deseja/desejam beber? [o kjä k dö'sescha/dö'seschau böber]
Bitte ein Glas ...	Um copo de …, se faz favor. [ung 'koppu dö ...s fasch fa'wor]
Bitte eine Flasche/eine halbe Flasche ...	Uma garrafa/Meia garrafa de …, se faz favor. ['uma ga'rafa/'meja ga'rafa dö ...s fasch fa'wor]
Bitte bringen Sie uns ...	Traga-nos, se faz favor … ['traganusch s fasch fa'wor]

REKLAMATION | RECLAMAÇÕES [röklama'soisch]

Das Essen ist kalt.	A comida está fria. [a ku'mid_schta 'fria]
Das Fleisch ist nicht durch.	A carne não está bem passada. [a 'karn nau schta bäi pa'sada]
Haben Sie mein/e ... vergessen?	Esqueceu-se do meu …/da minha …? [schkä'se-us du me-u .../da 'minja]
Das habe ich nicht bestellt.	Não foi isto que eu pedi. [nau foi 'ischtu kje-u pö'di]
Holen Sie bitte den Chef.	Chame o chefe, se faz favor. ['scham_u 'schäf s fasch fa'wor]

BEZAHLEN | PAGAR [pa'gar]

Bezahlen, bitte.	A conta, se faz favor. [a 'konta s fasch fa'wor]
Bitte alles zusammen.	Tudo junto, se faz favor. ['tudu 'schuntu s fasch fa'wor]
Könnten Sie mir bitte eine Quittung ausstellen?	Pode-me passar um recibo? ['poddöm pa'sar_ung rö'sibu]
Getrennte Rechnungen, bitte.	Contas separadas, se faz favor. ['kontasch söpa'radasch s fasch fa'wor]
Das ist für Sie.	Isto é para si (Br para você). ['ischtu ä 'para si ('para wos'se)]

> www.marcopolo.de/portugiesisch

Es stimmt so.	Está certo. [schta 'särtu]
Das Essen war ausgezeichnet.	A comida estava excelente. [a ku'mida 'schtawa schsö'lent]
Vielen Dank für die Einladung!	Muito obrigado pelo convite! ['muint_obri'gadu 'pelu kon'wit]

Abendessen	o jantar [u schan'tar]
Besteck	o talher [u ta'ljär]
Bestellung	pedido [pö'didu]
Diabetiker	diabético [dja'bätiku]

WIE DIE EINHEIMISCHEN

Guten Appetit!

Für Ihr leibliches Wohl wird in folgenden Lokalen gesorgt:

o bar [ubar]: 1. Cafeteria in Museen, Theatern, Bahnhöfen etc., in denen kleine Happen und Zwischenmahlzeiten serviert werden; oft mit Selbstbedienung;
2. eine Nachtbar oder Kneipe mit, wenn überhaupt, kleinen Happen.

o café [uka'fä]: Kaffeehaus, meistens kombiniert mit einer **pastelaria** [paschtöla'ria]: Konditorei. Hier werden süße und salzige Kuchen angeboten, Pasteten und sonstige Häppchen.

o restaurante [u röschtau'rant]: Gaststätte, Restaurant

a cervejaria [asörwöscha'ria]: Brauerei. Neben „normalen" Mahlzeiten finden sich hier vor allem Rinderschnitzel oder Schaltiere auf der Speisekarte.

a marisqueira [amarisch'käira]: Fischrestaurant; Spezialität: Meeresfrüchte aller Art

cadeias de comida rápida [ka'däiasch dö ku'mida 'rapida]: Schnellimbissketten, die Sie von zu Hause kennen, sind natürlich auch hier vertreten.

Rauchen oder nicht?

Bevor man ein Restaurant betritt, kann man schon von außen sehen, ob dort geraucht werden darf oder nicht. Ein rotes Schild steht für Nichtraucher (*não-fumadores* [nau fuma'dorösch]), ein blaues für Raucher (*fumadores* [fuma'dorösch]). Sind beide Schilder zu sehen, sind zwei getrennte Räume für Raucher und Nichtraucher vorhanden.

Immer Frischfisch?

Einen Namen werden Sie immer in der Fischsparte auf jeder Speisekarte finden: *Bacalhau* [baka'ljau], Stockfisch, der als portugiesisches Nationalgericht gilt. Er gehört zur gastronomischen Tradition im ganzen Land, und es gibt unzählige Arten, ihn zuzubereiten. Unser Tipp: versuchen!

Hausgemacht

Wenn ein Nachtisch als *caseiro* [ka'säiru] bezeichnet wird, kann davon ausgegangen werden, dass er hausgemacht und eine besondere Spezialität des Hauses ist.

Essig	o vinagre [u wi'nagr]
fettarm	magro ['magru]
frisch	fresco ['freschku]
frittiert	frito ['fritu]
Frühstück	pequeno almoço [pö'ken_al'mosu]; (Br) o café da manhã [u ka'fä da ma'njang] > S. 46
gegrillt	grelhado [grö'ljadu]
Getränk	bebida [bö'bida] > S. 45, 49
Gewürz	condimento [kondi'mentu]
Glas	copo ['koppu]
glutenfrei	sem glúten [säi 'glutön]
Gräte	espinha ['schpinja]
Hauptspeise	prato principal ['pratu prinsi'pal] > S. 47 f.
heiß	quente ['kent]
kalorienarm	com poucas calorias [kong 'pokasch kalu'riasch]
kalt	frio ['friu]
Kellner/in	empregado/empregada [emprö'gadu/emprö'gada], (Br) o garçom/a garçonete [u gar'song/a garso'näti]
Kinderteller	prato de criança ['pratu dö 'krjansa]
Koch	cozinheiro [kusi'njäiru]
Laktoseintoleranz	intolerância à lactose [intu´leransja a laktos]
Mittagessen	almoço [al'mosu]
Nachtisch	sobremesa [sobrö'mesa] > S. 48 f.
Öl	óleo ['ollju]
Pfeffer	pimenta [pi'menta]
Portion	a dose [a 'dos]
Salz	o sal [u sal]
sauer	azedo [a'sedu]
scharf	picante [pi'kant]
Senf	mostarda [musch'tarda]
Serviette	guardanapo [guarda'napu]
Soße	molho ['molju]
Streetfood	streetfood ['stri:tfu:d]
Suppe	sopa ['sopa] > S. 46
süß	doce ['dos]
Tagesgericht	prato do dia ['pratu du 'dia]
Trinkgeld	gorjeta [gur'scheta]
Vollkorn	... integral [intö'gral]
Vorspeise	entrada [en'trada] > S. 46
Wasser	copo de água ['koppu d_'agua]
Wrap	wrap [ræp]
zäh	duro ['duru]
Zahnstocher	palito [pa'litu]
(ohne) Zucker	(sem) açúcar [säi a'sukar]

salada
[sa'lada]

o feijão
[u fäi'schau]

malagueta
[mala'geta]

pimento
[pi'mentu]

os tomates
[usch tu'matösch]

os pepinos
[usch pö'pinusch]

a couve-flor
[a 'kowö 'flor]

os bróculos
[usch 'brockulusch]

as alcachofras
[asch alka'schoffrasch]

os cogumelos
[usch kugu'mälusch]

as beringelas
[asch börin'schälasch]

aipo
['aipu]

as batatas
[asch ba'tatasch]

as cebolas
[asch sö'bolasch]

alho
['alju]

o gengibre
[u schen'schibr]

o abacate
[u aba'kat]

as cenouras
[asch sö'norasch]

a couve
[a 'kow]

alho porro
['alju 'poru]

os espargos
[usch 'schpargusch]

as lentilhas
[asch len'tíljasch]

abóbora
[a'bobura]

a corgete (Br aboborinha)
[a kur'schät (abo'brinja)]

as ervilhas
[as_ir'wiljasch]

o grão
[u grau]

os espinafres
[usch schpi'nafrösch]

milho
['milju]

salva
['salwa]

a hortelã
[a ortö'lang]

salsa
['salsa]

o alecrim
[u alö'kring]

os damascos
[usch da'maschkusch]

as bananas
[asch ba'nanasch]

o ananás [u ana'nasch];
(Br) o abacaxi [u_abaka'schi]

manga
['manga]

os morangos
[usch mu'rangusch]

os pêssegos
[usch 'pesögusch]

o kiwi
[u 'kiwi]

as uvas
[as_'uwasch]

as maçãs
[asch ma'sansch]

as peras
[asch 'perasch]

os mirtilos
[usch mir'tiluschl]

as cerejas
[asch sö'reschasch]

as groselhas
[asch gro'säiljasch]

as laranjas
[asch la'ranschasch]

os limões
[usch li'moisch]

lima (Br limãozinho)
['lima (limau'sinju)]

papaia (Br o mamão)
[pa'paja (o ma'mau)]

melancia
[mölan'sia]

o melão
[u mö'lau]

toranja
[tu'ranscha]

a romã
[a ru'mang]

as ameixas
[as_a'mäischasch]

os abrunhos amarelos
[usch a'brunjusch ama'rälusch]

os figos
[usch 'figusch]

as líchias
[asch 'lischijas]

o grapefruit
[u 'gräip'frut]

coco
['koku]

castanha
[kasch'tanja]

os amendoins
[usch amendu'insch]

os arandos
[usch a'randusch]

as frutas secas
[asch 'frutasch 'sekasch]

mistura de avelãs
[misch'tura d_awe'lansch]

ESSEN UND TRINKEN

o pão/torrada
[u pau/tu'rada]

o pão escuro
[u pau sch'kuru]

o pão integral
[u pau intö'gral]

a baguete francesa
[a ba'gät fran'sesa]

o bagel
[u bei'gäl]

rosquilha brezel
[rusch'kilja 'brätsöl]

o croissant
[u krua'sang]

o pão sueco
[u pau su'äku]

o pão redondo e achatado
[u pau re'dondu i ascha'tadu]

os pãezinhos
[usch päi'sinjusch]

os pãezinhos integrais
[usch päi'sinjusch intö'graisch]

o pão de centeio integral
[u pau dö sen'teju intö'gral]

o gofre
[u 'gofr]

o donut
[u 'donat]

pastelaria dinamarquesa
[paschtöla'ria dinamar'kesa]

bolo
['bolu]

o gofre de arroz
[u 'gofr d_a'rosch]

o muesli
[u 'musli]

os cereais
[usch söri'aisch]

o iogurte
[u jo'gurt]

manteiga
[man'täiga]

os ovos
[us_'owwusch]

queijo
['käischu]

o leite
[u 'läit]

queijo Roquefort
['käischu roke'for]

o camembert
[u kaman'bär]

queijo fresco
['käischu 'freschku]

o quark com ervas
[u kwark kong 'ärwasch]

queijo Bonbel
['käischu bon'bäl]

o parmesão
[u parmö'sau]

queijo com leite de ovelha
['käischu kong 'läit d_o'welja]

vaca
['waka]

as miudezas (Br os miúdos)
[asch miu'desasch (us mi'udus)]

feminino/masculino
[fömö'ninu/maschku'linu]

vitela
[wi'täla]

porco
['porku]

borrego
[bu'regu]

galinha
[ga'linja]

pato
['patu]

lebre
['läbr]

o javali
[u schawa'li]

naco de carne
['naku dö 'karn]

os pedaços de carne
[usch pö'dasusch dö 'karn]

a carne picada
[a 'karn pi'kada]

espetada
[schpö'tada]

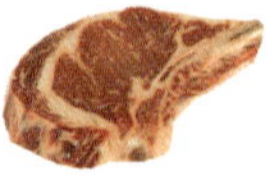

o bife
[u 'bif]

a carne de lombo
[a 'karn dö 'lombu]

costeleta
[kuschtö'leta]

o rosbife
[u rosch'bif]

as salsichas
[asch sal'sischasch]

as carnes frias
[asch 'karnösch 'friasch]

o salame
[u sa'lam]

o fiambre/Br presunto
[u 'fjambrö/prö'suntu]

presunto
[prö'suntu]

toucinho
[to'sinju]

frango assado na brasa
['frangu a'sadu na 'brasa]

perna de frango
['pärna dö 'frangu]

ESSEN UND TRINKEN

perca
['pärka]

truta
['truta]

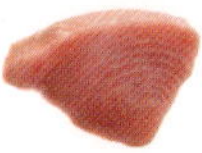

atum
[a'tung]

o salmão
[u sal'mau]

as sardinhas
[asch sar'dinjasch]

os camarões
[usch kama'roisch]

as gambas
[asch 'gambasch]

Lavagante
[lawa'gant]

os mexilhões
[usch möschi'ljoisch]

as lulas
[asch 'lulasch]

as amêijoas
[asch a'mäischuasch]

as ostras
[as_'oschtrasch]

água mineral sem gás
['agua minö'ral säi gasch]

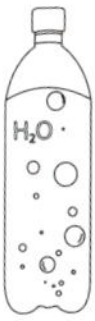

água mineral com gás
['agua minö'ral kong gasch]

o leite
[u 'läit]

o leite de soja
[u 'läit dö 'soscha]

sumo (Br suco)
['sumu ('suku)]

cola
['kola]

bebida energética
[bö'bida inör'schätika]

cerveja
[sör'wescha]

o chá
[u scha]

o café
[u ka'fä]

o leite com chocolate
[u 'läit kong schuku'lat]

as pedras de gelo
[asch 'pädrasch dö 'schelu]

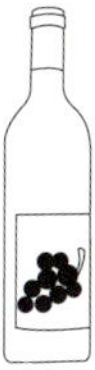

vinho tinto
['winju 'tintu]

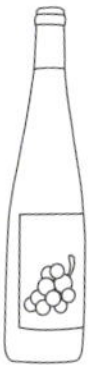

vinho branco
['winju 'branku]

o champanhe
[u scham'panj]

o coquetel
[u koke'täl]

PEQUENO ALMOÇO [pö'ken_al'mosu] | FRÜHSTÜCK

Zeigebilder: Seite 42 ff.

Carnes frias ['karnösch 'friasch]	Wurst
Croissant [krua'sang]	Hörnchen
Doce ['dos]	Marmelade
Fiambre ['fjambr]	gekochter Schinken
Iogurte [jo'gurt]	Joghurt
Leite ['läit]	Milch
Manteiga [man'täiga]	Butter
Mel [mäl]	Honig
Ovo quente ['owu 'kent]	weiches Ei
Ovos mexidos ['owwusch mö'schiduscn]	Rühreier
Ovos com presunto ['owwusch kom prö'suntu]	Eier mit Speck
Pãezinhos [päi'sinjusch]	Brötchen
Pão [pau]	Brot
Queijo ['käischu]	Käse
Smoothie [smudi]	Smoothie
Torradas [tu'radasch]	Toast

SOPAS ['sopasch] | SUPPEN

Canja de galinha [,kanscha dö ga'linja]	Hühnerbrühe
Caldo verde ['kaldu 'werd]	portugiesische Kohlsuppe
Canja ['kanscha]	Hühnersuppe mit Reis
Sopa de legumes ['sopa dö lö'gumösch]	Gemüsesuppe
Sopa de peixe ['sopa dö 'päisch]	Fischsuppe
Sopa de tomate e cebola ['sopa dö tom'mat_i sö'bola]	Tomaten- und Zwiebelsuppe

ENTRADAS [en'tradasch] | VORSPEISEN

Amêijoas [a'mäischuasch]	Herzmuscheln
Camarões [kama'roisch]	Krabben
Caracóis [kara'koisch]	Schnecken
Croquetes [kro'kätösch]	Fleischkroketten
Gambas [,gambasch]	große Garnelen
Melão com presunto [mö'lau kong prö'suntu]	Melone mit Schinken
Presunto [prö'suntu]	roher Schinken
Rissóis [ri'soisch]	ausgebackene Teigtaschen mit Füllung
Salada de atum [sa'lada d_a'tung]	Thunfischsalat
Sardinhas em azeite [sar'dinjas_äi a'säit]	Sardinen in Olivenöl

SPEISEKARTE

PEIXE E MARISCOS ['päisch_i ma'rischkusch] | FISCH UND MEERESFRÜCHTE

Zeigebilder: Seite 45

Amêijoas ao natural [a'mäischuas_au natu'ral]	Herzmuscheln natur
Achigã grelhado [aschi'gang grö'ljadu]	gegrillter Forellenbarsch
Açorda de marisco [a'sorda dö ma'rischku]	Brotspeise mit Knoblauch und Meeresfrüchten
Atum [a'tung]	Thunfisch
Bacalhau à Brás [baka'ljau a brasch]	Stockfisch nach Brás
Bacalhau com natas [baka'ljau kong ,natasch]	Stockfisch mit Sahne
Bolinhos de bacalhau [bu'linjusch dö baka'ljau]	frittierte Stockfischküchlein
Caldeirada [kaldäi'rada]	Fischeintopf
Camarão grelhado [kama'rau grö'ljadu]	gegrillte Krabben
Cataplana [kata'plana]	Pfannengericht aus Muscheln, Fisch bzw. Fleisch, Paprika, Zwiebeln
Dourada [do'rada]	Zahnbrasse
Ensopado de enguias [ensu'padu d_en'giasch]	Aaleintopf
Espadarte [schpa'dart]	Sägefisch
Filetes de cherne [fi'lätösch dö 'schärn]	Silberbarschfilets
Filetes de polvo com arroz [fi'lätösch dö ,polwu kong a'rosch]	Polypfilets mit Reis
Gambas na grelha ['gambasch na 'grelja]	gegrillte Garnelen
Lagosta cozida [la'goschta ku'sida]	gekochte Languste
Lavagante [lawa'gant]	Hummer
Linguado [lin'guadu]	Seezunge
Lulas recheadas [,lulasch röschi'adasch]	gefüllter Tintenfisch
Mexilhões de cebolada [möschi'ljoisch dö söbu'lada]	Miesmuscheln mit Zwiebeln
Pargo ['pargu]	Seebrasse
Peixe espada ['päischö_'schpada]	Schwertfisch
Salmão [sal'mau]	Lachs
Sardinhas assadas [sar'dinjas_a'sadasch]	gegrillte Sardinen

CARNE E AVES ['karn_i 'awösch] | FLEISCH UND GEFLÜGEL

Zeigebilder: Seite 44

Bife à portuguesa [bif_a purtu'gesa]	portugiesisches Rindersteak
Bife de peru [,bif dö pö'ru]	Truthahnsteak
Cabrito [ka'britu]	Zicklein
Carne de porco à Alentejana ['karn dö 'porku_alentö'schana]	Schweinefleisch mit Muscheln

Carne na grelha ['karn na 'grelja]	Rostbraten
Churrasco [schu'raschku]	Fleisch auf dem Holzkohlengrill
Coelho à caçador [ku'elju a kasa'dor]	Kaninchen nach Jägerart
Costeleta de porco [kuschtö'leta dö 'porku]	Schweinekotelett
Escalope à milanesa [schka'lopp_a mila'nesa]	Wiener Schnitzel
Escalope de vitela [schka'lopp dö wi'täla]	Kalbsschnitzel
Espeto de javali [sch'petu dö schawa'li]	Wildschweinspieß
Frango assado ['frangu a'sadu]	gebratenes Hähnchen
Lombo assado [.lombu a'sadu]	Lende, gebraten
Leitão assado [läi'tau a'sadu]	Spanferkelbraten
Pato ['patu]	Ente
Perdiz [pör'disch]	Rebhuhn
Perna de carneiro [.pärna dö kar'näiru]	Hammelkeule
Picanha [pi'kanja]	dünne Scheiben Rindfleisch gebraten
Posta na brasa [.poschta na .brasa]	dickes Kalbssteak vom Holzkohlengrill
Rosbife [rosch'bif]	Roastbeef
Secretos de porco (preto) [sö'krätusch dö .porku .pretu]	gegrilltes Fleisch vom schwarzen Schwein

LEGUMES [lö'gumösch] | GEMÜSE

> Zeigebilder: Seite 41

Alcachofras [alka'schoffrasch]	Artischocken
Alface [al'fas]	Blattsalat
Batatas [ba'tatasch]	Kartoffeln
Beringelas fritas [börin'schälasch 'fritasch]	gebratene Auberginen
Bróculos ['brockulusch]	Brokkoli
Cogumelos [kugu'mälusch]	Pilze
Espargos ['schpargusch]	Spargel
Espinafres [schpi'nafrösch]	Spinat
Feijão verde [fäi'schau 'werd]	Schnittbohnen
Grelos ['grelusch]	Weißrübenspross
Pepinos [pö'pinusch]	Gurken

SOBREMESA [sobrö'mesa] | NACHTISCH

Arroz doce [a'rosch 'dos]	Milchreis
Fruta da época [.fruta da .äpuka]	Obst der Saison
Gelado misto [schö'ladu 'mischtu]	gemischtes Eis
Leite creme [.läit .kräm]	Milchspeise

GETRÄNKEKARTE

Maçã assada [ma'sang a'sada]	Bratapfel
Mousse de chocolate [,mus dö schuku'lat]	Schokoladenmousse
Pudim flan [pu'ding flang]	Karamellpudding
Suspiro [susch'piru]	Meringe, Baiser
Tarta de amêndoa ['tarta d_a'mendua]	Mandelkuchen

BEBIDAS ALCOÓLICAS [bö'bidasch alku'olikasch] ALKOHOLISCHE GETRÄNKE

Aguardente de figos [aguar'dent dö figusch]	Feigenschnaps
Aguardente velha [aguar'dent ,wälja]	alter Weinbrand
Bagaço [ba'gaçu]	Tresterschnaps
Ginjinha [schin'schinja]	Kirschlikör
Licor Beirão [li'kor bäi'rau]	Kräuterlikör
Madeira [ma'däira]	Madeirawein
Medronho [mö'dronju]	Baumerdbeerschnaps
Porto ['portu]	Portwein

VINHOS ['winjusch] | WEINE

Vinho branco ['winju 'branku]	Weißwein
Vinho tinto ['winju 'tintu]	Rotwein
Alentejo [alen'täschu]	Wein aus dem Alentejo
Dão [dau]	Wein aus Mittelportugal
Douro [.doru]	Wein aus dem Dourogebiet
Vinho verde ['winju 'werd]	leichter Wein mit natürlicher Säure

BEBIDAS NÃO ALCOÓLICAS [bö'bidasch nau alku'olikasch] ALKOHOLFREIE GETRÄNKE

Bica ['bika]	schwarzer Kaffee
Café (com leite) [ka'fä (kong 'läit)]	Kaffee (mit Milch)
Chai Latte [tschai lahtə]	Chai Latte
Galão [ga'lau]	Milchkaffee im Glas
Garoto [ga'rotu]	kleiner Kaffee mit Milch
Chá com leite/limão [scha kong 'läit /li'mau]	Tee mit Milch/Zitrone
Laranjada [laran'schada]	Orangeade
Limonada [limu'nada]	Limonade
Sumo de laranja ['sumu dö la'ranscha]	Orangensaft
água mineral ['agua minö'ral]	Mineralwasser
com/sem gás [kong /säi gasch]	mit/ohne Kohlensäure

> ERFOLGREICH SHOPPEN

Mal ist es der schicke Schuh oder das schöne Souvenir, mal die Zahnbürste oder das Vollkornbrot – jetzt sind Sie für alle Eventualitäten gerüstet. Plus: praktische Zeigebilder

IM GESCHÄFT | NA LOJA [na 'loscha]

Danke, ich sehe mich nur um.	Obrigado/Obrigada, eu quero só ver. [obri'gadu/obri'gada e-u 'käru so wer]
Wo finde ich ...?	Onde posso encontrar ...? ['ond 'poss_enkon'trar]
Haben Sie ...?	Tem ...? [täi]
Das gefällt mir (nicht).	(Não) Gosto disto. [(,nau)'goschtu ,dischtu]
Ich möchte lieber ...	Prefiro ... [prö'firu]
Nehmen Sie Kreditkarten?	Aceitam cartões de crédito? [a'säitau kar'toisch dö 'kräditu]
Wie viel kostet es?	Quanto custa? ['kuantu 'kuschta]
Das ist aber teuer!	É caro! [ä 'karu]

EIN KAUFEN

Geben Sie einen Rabatt? Faz um desconto? [fas_u dösch'kontu]
Ich zahle höchstens … Pago no máximo... ['pagu nu 'masimu]
Ich nehme es. Vou levá-lo/levá-la. [wo lö'walu/lö'wala]
Können Sie mir ein …-geschäft empfehlen? Pode-me indicar uma loja de …? ['poddöm_indi'kar_'uma 'loscha dö]

ÖFFNUNGSZEITEN HORÁRIO DE ABERTURA [o'rarju d_abör'tura]

offen aberto [a'bärtu]
geschlossen encerrado [ensö'radu]
Betriebsferien encerrado para férias [ensö'radu 'para 'färjasch]

GESCHÄFTE | LOJAS ['loschasch]

turismo
[tu'rischmu]

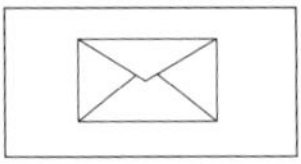
correio
[ku'reju]

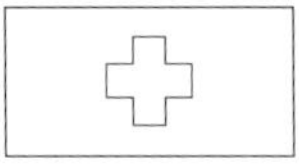
farmácia
[far'masja]

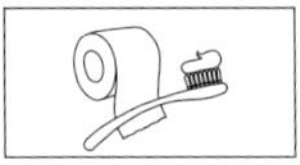
drogaria
[druga'ria]

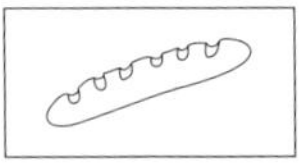
padaria
[pada'ria]

frutaria e hortaliças
[fruta'ria i orta'lisasch]

talho ['talju]
(Br) o açougue [u a'sogi]

produtos biológicos
[pru'dutusch biu'loschikusch]

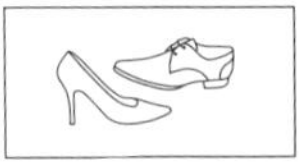
sapataria
[sapata'ria]

o oculista
[u ocku'lischta]

joalharia
[schualja'ria]

artigos de couro/pele
[ar'tigusch dö 'koru/'päl]

artigos elé(c)tricos
[ar'tigus_i'lätrikusch]

loja de computadores
['loscha dö komputa'dorösch]

artigos fotográficos
[ar'tigusch futu'grafikusch]

telemóveis (Br celulares)
[tälä'mowwäisch (sölu'larös)]

o vendedor de jornais
[u wendö'dor dö schur'naisch]

livraria
[liwra'ria]

loja de discos
['loscha dö 'dischkusch]

loja de brinquedos
['loscha dö brin'kedusch]

o armazém de vinhos
[u arma'säi dö 'winjusch]

bebidas alcoólicas
[bö'bidas_al'kuollikasch]

tabacaria
[tabaka'ria]

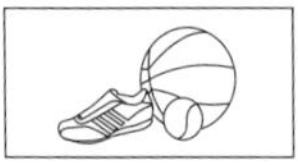
artigos de desporto
[ar'tigusch dö dösch'portu]

florista
[flu'rischta]

o salão de cabeleireiro
[u sa'lau dö kaböläi'räiru],

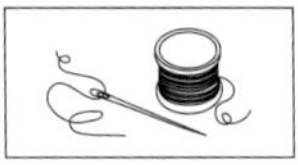
barbearia
[barbja'ria]

artigos domésticos
[artigusch du'mäschtikusch]

Einkaufszentrum	centro comercial ['sentru kumörsi'al]
Flohmarkt	feira da ladra ['fäira da 'ladra]
Kaufhaus	o grande armazém [u 'grand_arma'säi]
Markt	mercado [mör'kadu]
Reiseandenken	as lembranças [asch lem'bransasch]
Souvenirladen	loja de recordações turísticas ['loscha dö rökurda'soisch tu'rischtikasch]
Supermarkt	supermercado [supermör'kadu]

> *www.marcopolo.de/portugiesisch*

APOTHEKE | FARMÁCIA [far'masja]

Arzt: Seite 102 ff.

Wo ist die nächste Apotheke?	Onde é a farmácia mais próxima? ['ond_ä a far'masja maisch 'prossima]
Geben Sie mir bitte etwas gegen ...	Pode-me dar qualquer coisa para ..., se faz favor. ['poddöm dar kual'kär 'koisa 'para ...s fasch fa'wor]
Dieses Mittel ist verschreibungspflichtig.	Este medicamento só pode ser vendido com receita médica. ['escht mödika'mentu so 'podd ser wen'didu kong rö'säita 'mädika]

MAN NEHME ... TOMAR ... [tu'mar]

innerlich	para uso interno ['para 'usu in'tärnu]
äußerlich	para uso externo ['para 'usu 'schtärnu]
vor/nach dem Essen	antes/depois das refeições ['antösch dasch röfäi'soisch]

Abführmittel	o purgante [u pur'gant]
Antibabypille	pílula anticoncepcional ['pilula antikonsäpsju'nal]
Antibiotikum	antibiótico [anti'bjottiku]
Augentropfen	as gotas oftálmicas [asch 'gotas_off'talmikasch]
Beruhigungsmittel	o calmante [u kal'mant]
Brandsalbe	pomada para queimaduras [pu'mada 'para käima'durasch]
Fieberthermometer	termómetro [tör'mommötru]

weiter auf Seite 56

WIE DIE EINHEIMISCHEN

Insider Tipps

Wir kommen gleich wieder ...

Hängt während der normalen Öffnungszeiten das Schild *Volto já* ['woltu scha] an der Tür eines kleinen Geschäfts, so bedeutet das, dass gerade eine kleine Kaffeepause eingelegt wird und der Laden bald wieder öffnet.

Alle an einem Tisch

Für Familien und Gruppen ist die Essetage – *Praça da Alimentação* [,prasa da alimenta'sau] – in den großen Einkaufszentren sehr zu empfehlen. Jeder kann nach Belieben die Speisen aus den verschiedenen Restaurants holen und alle können an einem Tisch zusammen essen.

DROGERIE | DROGARIA [druga'ria]

o sabão
[u sa'bau]

o desodorizante
[u dösodori'sant]

o creme
[u 'kräm]

o papel higiénico
[u pa'päl_i'schjäniku]

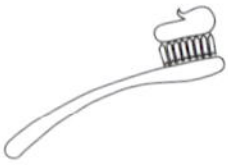
escova de dentes
['schkowa dö 'dentösch]

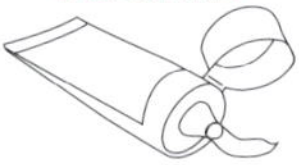
pasta dentífrica
['paschta den'tifrika]

fio dental
['fiu den'tal]

os lenços de papel
[usch 'lensusch dö pa'päl]

o champô [u scham'po],
(Br) o xampu [u scham'pu]

o fixador
[u fiksa'dor]

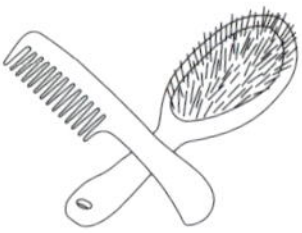
o pente/escova de cabelo
[u 'pent/'schkowa dö ka'belu]

espelho
['schpelju]

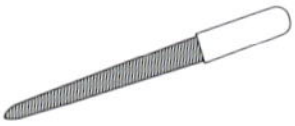
lima para unhas
['lima 'para 'unjasch]

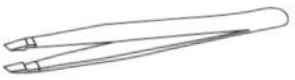
pinça
['pinsa]

tesoura para unhas
[tö'sora 'para 'unjasch]

o perfume
[u pör'fum]

os tampões
[usch tam'poisch]

os pensos higiénicos
[usch 'pensusch_i'schjänikusch]

o rímel
[u 'rimäl]

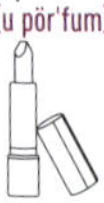
o batom
[u ba'tong]

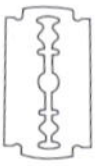
lâmina para barbear
['lamina 'para bar'bjar]

a gilete
[a schi'lät]

a loção (para a barba)
[a lu'sau ('para 'barba)]

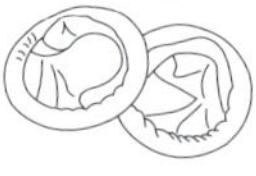
preservativo
[prösörwa'tiwu]

o creme para o sol
[u 'kräm 'par_u soll]

saco de água quente
['saku d_'agua 'kent]

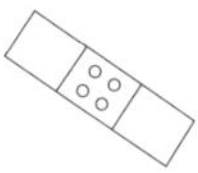
adesivo
[adö'siwu]

Ohropax
[oro'pax]

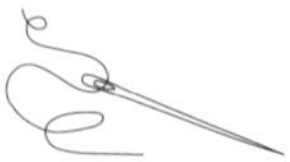
agulha
[a'gulja]

linha
['linja]

o alfinete de segurança
[u alfi'net dö sögu'ransa]

o botão
[u bu'tau]

ELEKTRO/COMPUTER/FOTO
ELÉCTRICOS/COMPUTADOR/FOTOGRAFIA [i'lätrikusch/komputa'dor/futugra'fia]

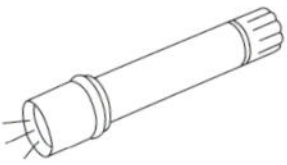

lâmpada de bolso
['lampada dö 'bolsu]

lâmpada
['lampada]

pilha
['pilja]

o adaptador
[u adapta'dor]

o portátil
[u pur'tatil]

cabo de carregamento (portátil)
['kabu dö karöga'mentu (pur'tatil)]

o CD/o DVD
[u se'de/u dewe'de]

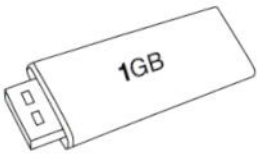

o pen drive
[u pen'dralw]

impressora
[imprö'sora]

o digitalizador
[u dischitalisa'dor]

telemóvel (Br celular)
[tälä'mowwäl (selu'lar)]

cabo de carregamento (telemóvel)
['kabu dö karöga'mentu (tälä'mowwäl)]

a televisão
[a tölöwi'sau]

rádio
['radju]

o leitor de MP3/iPod
[u läi'tor dö 'äm pe tresch/i'pod]

os auscultadores
[us_auschkulta'dorösch]

máquina digital
['makina dischi'tal]

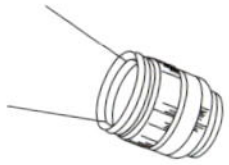

teleobje(c)tiva
[täläobschä'tiwa]

o acumulador
[u akumula'dor]

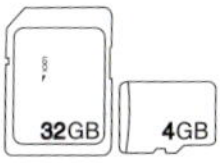

o cartão de memória
[u kar'tau dö mö'moria]

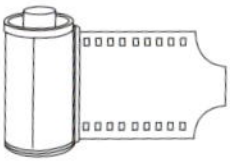

rolo
['rolu]

tablet
[tahblät]

máquina fotográfica subaquática
['makina futu'grafika suba'quatika]

máquina de filmar
['makina dö fil'mar]

o despertador
[u döschpörta'dor]

máquina de barbear
['makina dö bar'bjar]

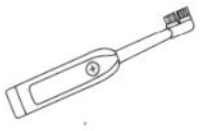

escova de dentes eléctrica
['schkowa dö 'dentös_i'lätrika]

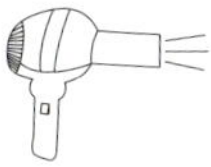

o secador do cabelo
[u söka'dor du ka'belu]

Gegengift	contraveneno [kontrawö'nenu]
Halstabletten	os comprimidos para a garganta [usch kompri'midusch 'para gar'ganta]
Hustensaft	o xarope [u scha'ropp]
Insektenmittel	o inse(c)ticida [u insäti'sida]
Insulin	insulina [insu'lina]
Jod(tinktur)	tintura de iodo [tin'tura d_'jodu]
Kondom	preservativo [prösörwa'tiwu]
Kopfschmerztabletten	os comprimidos para a dor de cabeça [usch kompri'midusch 'para dor dö ka'besa]
Kreislaufmittel	remédio para a circulação [rö'mädju 'para sirkula'sau]
Magentropfen	as gotas para a dor de estômago [asch 'gotasch 'para dor dö 'schtomagu]
Medikament	medicamento [mödika'mentu]
Mittel	remédio [rö'mädju]
Mullbinde	a gaze [a 'gas]
Nebenwirkungen	os efeitos secundários [us_i'fäitusch sökun'darjusch]
Ohrentropfen	as gotas para os ouvidos [asch 'gotasch 'para us_o'widusch]
Pflaster	adesivo [adö'siwu]
Pille danach	pílula do dia seguinte ['pilula dö 'dia sö'gint]
Rezept	receita [rö'säita]
Salbe	pomada [pu'mada]
Schlaftabletten	os soníferos [usch su'niförusch]
Schmerztabletten	os comprimidos contra as dores [usch kompri'midusch 'kontrasch 'dorösch]
Sonnenbrand	queimadura do sol [käima'dura du soll]
Tablette	comprimido [kompri'midu]
Tropfen	as gotas [asch 'gotasch]
Zäpfchen	supositório [supusi'torrju]

FRISEUR | O SALÃO DE CABELEIREIRO [u sa'lau dö kaböläi'räiru]

Kann ich mich für morgen anmelden?	Pode-me marcar para amanhã? ['poddöm mar'kar par_ama'njang]
Schneiden mit/ ohne Waschen, bitte.	Cortar e/sem lavar, se faz favor. [kur'tar_i/säi la'war, s fasch fa'wor]
Nicht zu kurz/Ganz kurz/ Etwas kürzer, bitte.	Não muito curto/Muito curto/Um pouco mais curto, se faz favor. [nau 'muintu 'kurtu/'muintu 'kurtu/um 'poku maisch 'kurtu, s fasch 'fa'wor]
Rasieren, bitte.	A barba, se faz favor. [a 'barba s fasch fa'wor]
Stutzen Sie mir bitte den Bart.	Apare-me a barba, se faz favor. [a'paröm_a 'barba s fasch fa'wor]
Vielen Dank.	Muito obrigado/obrigada. ['muint_obri'gadu/_obri'gada]

So ist es gut.	Está bem assim. [schta bäi a'sing]
Augenbrauen zupfen	arranjar as sobrancelhas [aran'schar asch sobran'seljasch]
Bart	barba ['barba]
färben	pintar [pin'tar]
föhnen	secar/brushing [sö'kar/'bräsching]
frisieren	pentear [pen'tjar]
Frisur	penteado [pen'tjadu]
glätten	alisar [ali'sar]
Haar	cabelo [ka'belu]
Haarschnitt	o corte de cabelo [u 'korrt dö ka'belu]
kämmen	pentear [pen'tjar]
Locken	os caracóis [usch kara'koisch]
Pony	franja ['franscha]
Scheitel	risca ['rischka]
Schnurrbart	o bigode [u bi'godd]
Spitzen schneiden	cortar as pontas [kur'tar asch 'pontasch]
Strähne	as madeixas [asch ma'däischasch]
Stufen	escalado [schka'ladu]
tönen	fazer uma rinçage [fa'ser‿'uma ran'saschäi]

OPTIKER | O OCULISTA [u ocku'lischta]

Würden Sie mir bitte diese Brille reparieren?	Podia-me consertar estes óculos, se faz favor? [pu'diam konsör'tar 'eschtös‿'ockulusch s fasch fa'wor]
Ich bin kurzsichtig/ weitsichtig.	Sou míope/Tenho a vista cansada. [so 'miup/'tenju a 'wischta kan'sada]
Wie ist Ihre Sehstärke?	Quantas dioptrias tem? ['kuantasch djopp'triasch täi]
rechts plus/minus …, links …	Olho direito mais/menos …, esquerdo … ['olju di'räitu maisch/'menusch, 'schkerdu]

WIE DIE EINHEIMISCHEN

Insider Tipp

Der kleine Unterschied

Gehen Sie in Portugal ruhig zum Friseur. Sie werden gut bedient und zahlen weniger als zu Hause.

Damen lassen sich ihre Haare beim *cabeleireiro* [kaböläi'räiru], Herren beim *barbeiro* [bar'bäiru] „verschönern".

Wann kann ich die Brille abholen?	Quando posso vir buscar os óculos? ['kuandu 'possu wir busch'kar_us_'ockulusch]
Ich brauche ...	Preciso de … [prö'sisu dö]
Aufbewahrungslösung	solução de conservação [sulu'sau dö konsörwa'sau]
Reinigungslösung	líquido para limpar as lentes ['likidu 'para lim'par_asch 'lentösch]
für harte/weiche Kontaktlinsen.	para lentes de contacto duras/moles. ['para 'lentösch dö kon'taktu 'durasch/'mollösch]
Ich suche ...	Queria … [kö'ria]
Eintageslinsen.	lentes descartáveis diárias. ['lentösch döschkar'tavejsch di'ariasch]
eine Sonnenbrille.	uns óculos de sol. [uns_'ockulusch dö soll]
ein Fernglas.	um binóculo. [um bi'nockulu]

KLEIDUNG | ROUPA ['ropa]

Können Sie mir ... zeigen?	Pode-me mostrar …? ['poddöm musch'trar]
Kann ich es anprobieren?	Posso provar? ['possu pru'war]
Welche (Konfektions-) Größe haben Sie?	Que número usa? [k 'numöru 'usa]
Das ist mir zu klein/groß.	Está muito pequeno/grande. [schta 'muinto pö'kenu/'grand]
Das passt gut.	Está bom. [schta bong]
Ich nehme es.	Vou levá-lo/levá-la. [wo lö'walu/lö'wala]
Das ist nicht ganz, was ich möchte.	Não é bem isto que eu quero. [nau ä bäi 'ischtu kje-u 'käru]
Haben Sie das auch noch in einer anderen Farbe?	Também há noutra cor? [tam'bäi a 'notra kor]
Danke, ich denke nochmals darüber nach.	Obrigado/obrigada, vou pensar melhor. [obri'gadu/obri'gada wo pen'sar mö'ljor]

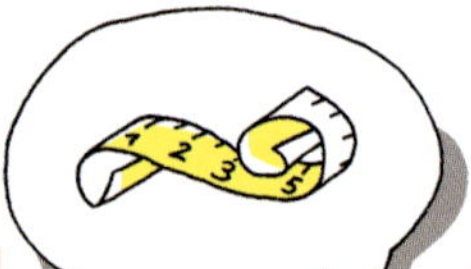

WIE DIE EINHEIMISCHEN

Insider Tipp

Klein, aber oho!

Leute, die nicht sehr groß sind, haben es in Portugal leicht, Kleidung und Schuhe zu finden. Die Einheimischen sind im Durchschnitt kleiner als ein Mitteleuropäer. Auch legt man sehr viel Wert auf elegante Sachen, die nicht teuer sein müssen. Vielleicht finden Sie etwas Schickes. Achten Sie besonders auf *saldos* ['saldusch] – Schlussverkauf.

> www.marcopolo.de/portugiesisch

a T-shirt
[a ti schart]

camisola
[kami'solla]

camisola com carapuço
[kami'sola kong kara'pusu]

casaco
[ka'saku]

as calças
[asch 'kalsasch]

o calção
[u kal'sau]

saia
['saja]

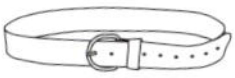

cinto
['sintu]

blusa
['blusa]

camisa
[ka'misa]

casaco
[ka'saku]

casaco de malha
[ka'saku dö 'malja]

fato ['fatu],
(Br) terno ['tärnu]

vestido
[wösch'tidu]

saia e casaco ['saja i ka'saku];
(Br) o tailler [u tai'jär]

casaco comprido
[ka'saku kom'pridu]

meia-calça
['meja 'kalsa]

roupa interior
['ropa intö'rjor]

o roupão de banho
[u ro'pau dö 'banju]

as peúgas/as meias
[asch 'pjugasch/asch 'mejasch]

o calção de banho
[u kal'sau dö 'banju]

fato de banho ['fatu dö 'banju],
(Br) o maiô [u ma'jo]

o biquíni
[u bi'kini]

o boné
[u bon'nä]

o chapéu
[u scha'päu]

as luvas
[asch 'luwasch]

o cachecol
[u kasch'koll]

LEBENSMITTEL | MERCEARIA [mörsja'ria]

> Eine ausführliche Übersicht von Lebensmitteln und Gerichten finden Sie im Kapitel **ESSEN UND TRINKEN** auf Seite 41 ff.

Was ist das?	O que é isto? [u k_ä 'ischtu]
Kann ich es probieren?	Posso provar? ['posu pru'war]
Verkaufen Sie ...?	Vende …? ['wendö]
Bioprodukte	produtos biológicos [pru'dutusch biu'loschikusch]
Produkte aus der Region	produtos da região [pru'dutusch da röschi'au]
Geben Sie mir bitte ...	Dê-me, se faz favor, … ['dem s fasch fa'wor]
ein Pfund (500 g) ...	meio quilo (500 g) de … ['meju 'kilu dö]
ein Kilo ...	um quilo de … [ung 'kilu dö]
ein Stück von ...	um bocado de … [um bu'kadu dö]
eine Packung ...	uma embalagem de … [um_emba'laschäi dö]
ein Glas ...	um copo de … [ung 'koppu dö]
eine Dose ...	uma caixa/lata de … ['uma 'kaischa/'lata dö]
eine Flasche ...	uma garrafa de … ['uma ga'rafa dö]
eine Einkaufstüte.	um saco. [ung 'saku]
Danke, das ist alles.	Obrigado/Obrigada, é tudo. [obri'gadu/obri'gada ä 'tudu]

Backwaren	pão e bolos [pau i 'bolusch] > S. 43, 46
Bier	cerveja [sör'wescha] > S. 45
Biokost	produtos biológicos [pru'dutusch biu'loschikusch]
Brot	o pão [u pau] > S. 43, 46
Brötchen	os pãezinhos [usch päi'sinjusch] > S. 43, 46
Butter	manteiga [man'täiga] > S. 43, 46
Eier	os ovos [us_'owwusch] > S. 43, 46
Eis	gelado [schö'ladu] > S. 48
Essig	o vinagre [u wi'nagr]
Fisch	o peixe [u 'päisch] > S. 45, 47
Fleisch	a carne [a 'karn] > S. 44, 47 f.
frisch	fresco ['freschku]
Gebäck	os bolos [usch 'bolusch] > S. 43
Gemüse	a hortaliça [a orrta'lisa], os legumes [usch lö'gumösch] > S. 41, 48
Getränke	as bebidas [asch bö'bidasch] > S. 45, 49
Joghurt	o iogurte [u jo'gurt] > S. 43
Kaffee	o café [u ka'fä] > S. 45, 49
Käse	queijo ['käischu] > S. 43, 46
Kekse	as bolachas [asch bu'laschasch]
Konserven	as conservas [asch kon'särwasch]
(ohne) Konservierungsstoffe	(sem) conversantes [(säi) konsör'vantösch]
Kuchen	bolo ['bolu] > S. 43
Limonade	limonada [limu'nada]

Margarine	margarina [marga'rina]
Marmelade	o doce [u 'dos]
Mayonnaise	a maionese [a majo'näs]
Mehl	farinha [fa'rinja]
Milch/Milchprodukte	o leite/os lacticínios [u 'läit/usch lati'siniusch] > S. 43
Mineralwasser	água mineral ['agua minö'ral] > S. 45, 49
Nudeln	massa ['masa]
Nüsse	as nozes [asch 'nossösch] > S. 42
Obst	fruta ['fruta] > S. 42
Öl	óleo ['ollju]
Orangensaft	sumo (Br suco) de laranja ['sumu ('suku) dö la'ranscha] > S. 49
Pfeffer	pimenta [pi'menta]
Sahne	as natas [asch 'natasch]
Salat	salada [sa'lada] > S. 41, 48
Salz	o sal [u sal]
Schokolade	o chocolate [u schuku'lat]
Senf	mostarda [musch'tarda]
Suppe	sopa ['sopa] > S. 46
Süßigkeiten	os doces [usch 'dosösch]
Toast	torrada [tu'rada] > S. 43, 46
Vollkorn...	... integral [intö'gral]
Wein	vinho ['winju] > S. 45, 49
Würstchen	as salsichas [asch sal'sischasch]
Wurst	carnes frias ['karnösch 'friasch] > S. 44
(ohne) Zucker	(sem) açúcar [säi a'sukar]

SCHMUCKWAREN | JOALHARIA [schualja'ria]

Meine Uhr geht nicht mehr. Können Sie mal nachsehen?	O meu relógio não trabalha. Pode ver o que tem? [u me-u rö'loschju nau tra'balja .'podd wer_u k täi]
Ich möchte ein schönes Geschenk.	Queria uma lembrança bonita/um presente bonito. [kö'ria 'uma lem'bransa bu'nita/ung prö'sent bu'nitu]

Anhänger	o medalhão [u möda'ljau]
Armband	pulseira [pul'säira]
Armbanduhr	relógio de pulso [rö'loschju dö 'pulsu]
Brosche	o broche [u 'brosch]
echt	autêntico [au'tentiku]
(Edel-)Stein	pedra (preciosa) ['pädra (prösi'osa)]
Gold	ouro ['oru]
Kette	o colar [u ku'lar]
Ohrringe	os brincos [usch 'brinkusch]
Perle	pérola ['pärula]

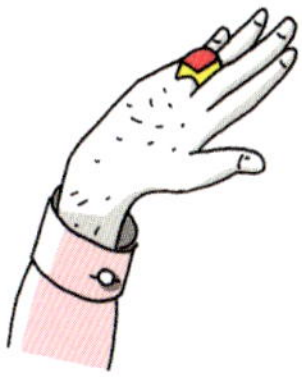

Ring	o anel [u a'näl]
Schmuck	as jóias [asch 'schojjasch], bijutaria (Br bijuteria) [bischuta'ria (bischute'ria)]
Silber	prata ['prata]
wasserdicht	à prova de água [a 'prowa d_'agua]

SCHUHGESCHÄFT | SAPATARIA [sapata'ria]

Ich möchte ein Paar ...schuhe.	Queria um par de sapatos … [kö'ria um par dö sa'patusch]
Ich habe Schuhgröße ...	Calço o número … ['kalsu 'numöru]
Sie sind zu eng/weit.	Estão muito apertados/largos. [schtau 'muintu apör'tadusch/'largusch]

(mit) Absatz	(com) salto [(kong) 'saltu]
Damenschuh	sapato de senhora [sa'patu dö sö'njora]
Leder-/Gummisohle	sola de couro/de borracha ['sola dö 'koru/dö bu'rascha]
Männerschuh	sapato de homem [sa'patu d_'ommäi]
Mokassin	o mocassim [u moka'sing]
Sandalen	as sandálias [asch san'daljasch]
Schuhe	os sapatos [usch sa'patusch]
Schuhcreme	pomada [pu'mada], graxa ['grascha]
Stiefel	as botas [asch 'bottasch]
Turnschuhe	os ténis [usch 'tänisch], as sapatilhas [asch sapa'tiljasch]
Wander-/Trekkingschuh	sapato de marcha/de todo-terreno [sa'patu dö 'marscha/dö 'todo tö'renu]

SOUVENIRS | LEMBRANÇAS [lem'bransasch]

Ich hätte gern ...	Queria … [kö'ria]
ein hübsches Andenken.	uma lembrança bonita. ['uma lem'bransa bu'nita]
etwas Typisches aus dieser Gegend.	uma coisa típica desta região. ['uma 'koisa 'tipika 'däschta röschi'au]
Können Sie mir das bitte als Geschenk verpacken?	Pode embrulhar isto para presente, por favor? ['podd_embru'ljar 'ischtu 'para prö'sent pur fa'wor]
Das ist nicht ganz, was ich möchte.	Não é bem isto que eu quero. [nau ä bäi ,ischtu kje-u ,käru]

echt	autêntico [au'tentiku]
Folkloreladen	loja de artigos folclóricos ['loscha d_ar'tigusch fol'klorikusch]
handgemacht	feito à mão ['fäit_a mau]
Keramik	as cerâmicas [asch sö'ramikasch]
Keramik aus Barcelos	cerâmica de Barcelos [sö'ramika dö bar'sälusch]
kitschig	parolo [pa'rolu]
Mitbringsel	lembrança [lem'bransa]
regionales Produkt/Spezialität	produto/a especialidade regional [pru'dutu/a schpösjali'dad röschju'nal]
Schnitzerei	obra de talha ['obra dö 'talja]
Spieldose	caixa de música ['kaischa dö 'musika]
Stickerei	bordado [bur'dadu]
Töpferwaren	os barros [usch 'barusch]

SCHREIBWAREN UND BÜCHER
ARTIGOS DE PAPELARIA E LIVROS [ar'tigusch dö papöla'ria i 'liwrusch]

Ich hätte gern ...	Queria ... [kö'ria]
einen deutschen/englischen Roman.	um romance em alemão/em inglês. [ung ru'mans äi alö'mau/äi in'glesch]
einen Kriminalroman.	um romance policial. [ung ru'mans pulisi'al]
einen Reiseführer.	um guia turístico. [ung 'gia tu'rischtiku]
eine deutsche Zeitung.	um jornal alemão. [ung jur'nal alö'mau]

Bleistift	o lápis [u 'lapisch]
Briefmarke	selo (postal) ['selu (pusch'tal)]
Briefpapier	o papel de carta [u pa'päl dö 'karta]
Briefumschlag	o envelope [u enwö'lopp]
Kochbuch	livro de cozinha ['liwru dö ku'sinja]
Kugelschreiber	esferográfica [schfärog'grafika]
Landkarte	o mapa [u 'mapa]
Notizblock	bloco de notas ['blocku dö 'nottasch]
Papier	o papel [u pa'päl]
Postkarte	o postal (ilustrado) [u pusch'tal(_ilusch'tradu)]
Reiseführer	guia turístico ['gia tu'rischtiku]
Roman	o romance [u ru'mans]
Spielkarten	as cartas de jogar [asch 'kartasch dö schu'gar]
Stadtplan	planta da cidade ['planta da si'dad]
Straßenkarte	o mapa de estradas [u 'mapa döösch'tradasch]
Wanderkarte dieser Gegend	o mapa dos circuitos de marcha desta região [u 'mapa dusch sir'kuitusch dö 'marscha 'däschta rö'schjau]
Zeitschrift	revista [rö'wischta]
Zeitung	o jornal [u schur'nal]

ZIMMER MIT AUSSICHT

Ob WLAN im Hotel, die Kinderbetreuung in der Ferienanlage, die Rechnung per Kreditkarte – alles nur eine Frage des Service. Äußern Sie Ihre Wünsche!

AUSKUNFT

Reiseplanung: Seite 8 f.

Können Sie mir bitte … empfehlen?	Se faz favor, pode-me recomendar … [s fasch fa'wor 'poddöm rökumen'dar]
ein gutes Hotel	um bom hotel? [um bong ot'täl]
eine Pension/ein Zimmer	uma pensão/um quarto? ['uma pen'sau/ung 'kuartu]
einen Campingplatz?	um parque de campismo? [um 'park dökam'pischmu]
Können Sie mir bitte etwas in der Nähe empfehlen?	Pode recomendar-me alguma coisa aqui perto? ['podd rökumen'darm al'guma 'koisa a'ki 'pärtu]

ÜBER NACHTEN

... IM HOTEL

REZEPTION | NA RECEPÇÃO [na rösä'sau]

Ich habe bei Ihnen ein Zimmer reserviert. Mein Name ist ... Eu reservei um quarto. O meu nome é … [e-u rösör'wäi ung ,kuartu u me-u ,nom_ä]

Haben Sie noch Zimmer frei? Ainda tem quartos livres? [a'inda täi 'kuartusch 'liwrösch]

... für eine Nacht. … para uma noite. ['para 'uma 'noit]

... für zwei Tage. … para dois dias. ['para doisch 'diasch]

... für eine Woche. … para uma semana. ['para uma sö'mana]

Nein, wir sind leider vollständig belegt.	Não, senhor/senhora. Temos tudo cheio. [nau sö'njor/sö'njora. 'temusch 'tudu 'scheju]
Ja, was für ein Zimmer wünschen Sie?	Temos, sim. Que espécie de quarto deseja? ['temosch sing. k 'schpäsj dö 'kuartu dö'sescha]
ein Einzelzimmer	quarto individual ['kuartu indiwidu'al]
ein Zweibettzimmer	quarto de casal ['kuartu dö ka'sal]
mit Dusche	… com duche (Br ducha) [kong 'dusch ('duscha)]
mit Bad	… com casa de banho (Br banheiro) [kong 'kasa dö 'banju (ba'njeru)]
ein ruhiges Zimmer	quarto sossegado ['kuartu susö'gadu]
mit Blick aufs Meer	… com vista para o mar [kong 'wischta 'para u mar]
Kann ich das Zimmer ansehen?	Posso ver o quarto? ['possu wer‿u 'kuartu]
Ich nehme es.	Vou levá-lo/levá-la. [wo lö'walu/lö'wala]
Können Sie noch ein drittes Bett dazustellen?	Pode pôr mais uma cama? ['podd por mais‿'uma 'kama]
Haben Sie WLAN/ein Babyfon?	Tem Wi-Fi/o interfone para bebés? [täi uai'fai/u intör'fon 'para bä'bäsch]
Was kostet das Zimmer mit …	Quanto custa o quarto com … ['kuantu 'kuschta u 'kuartu kong]
Frühstück?	pequeno almoço (Br café da manhã)? [pö'ken‿al'mosu (ka'fä da ma'njang)]
Halbpension?	meia pensão? ['meja pen'sau]
Vollpension?	pensão completa? [pen'sau kom'pläta]
Ab wann gibt es Frühstück?	A partir de que horas se pode tomar o pequeno almoço (Br o café da manhã)? [a par'tir dö 'kjorrasch s 'podd tu'mar‿u pö'ken‿al'mosu (u ka'fä da ma'njang)]
Wo ist das Restaurant?	Onde é o restaurante? ['ond‿ä u röschtau'rant]
Können Sie mich bitte morgen früh um … Uhr wecken?	Pode-me acordar amanhã às …, faz favor? ['poddöm‿akur'dar ama'njang asch … fasch fa'wor]

> Frühstück: ESSEN UND TRINKEN auf Seite 46

BEANSTANDUNGEN | RECLAMAÇÕES [röklama'soisch]

Das Zimmer ist nicht gereinigt worden.	O quarto não foi limpo. [u 'kuartu nau foi 'limpu]
Die Dusche …	O duche (Br A ducha) … [u 'dusch (a 'duscha)]
Die Spülung …	O autoclismo (Br A descarga) … [u autoc'klischmu (a des'karga)]
Die Heizung …	O aquecimento … [u akäsi'mentu]
Das Licht …	A luz … [a lusch]
funktioniert nicht.	não funciona. [nau fun'sjona]

Es kommt kein (warmes) Wasser.	Não corre água (quente). [nau 'kor‿'agua ('kent)]
Die Toilette ist verstopft.	A retrete (Br privada) está entupida. [a rö'trät (pri'wada) schta entu'pida]

ABREISE | PARTIDA [par'tida]

Wann muss ich spätestens auschecken?	Até quando é que tenho que deixar o quarto livre? [a'tä 'kuand‿ä k 'tenju k däi'schar‿u 'kuartu 'liwrö]
Kann ich mein Gepäck bis (heute Abend) hierlassen?	Posso deixar a minha bagagem aqui (até hoje à noite)? ['posu däi'schar a 'minja ba'gaschäi a'ki (a'tä 'osch‿a 'noit)
Ich reise heute Abend/ morgen um ... Uhr ab.	Parto esta tarde/amanhã às … horas. ['partu 'äschta 'tard/ama'njang asch ...'orrasch]
Machen Sie bitte die Rechnung fertig.	Prepare-me a conta, se faz favor. [prö'paröm‿a 'konta s fasch fa'wor]
Nehmen Sie Kreditkarten?	Aceitam cartões de crédito? [a'säitau kar'toisch dö 'kräditu]
Vielen Dank für alles.	Muito obrigado/obrigada por tudo. ['muint‿obri'gadu/obri'gada pur 'tudu]

Abendessen	o jantar [u schan'tar]
Adapter	o adaptador [u adapta'dor]
Anmeldung	a recepção [a rösä'sau]
Babyfon/Babysitter	o interfone para bebés/o baby-sitter [u intör'fon 'para bä'bäsch/u bäbi'sitersch]
Bademantel	o roupão de banho [u ro'pau dö 'banju]

WIE DIE EINHEIMISCHEN

Insider Tipp

Schlafen wie der Landadel

Fahren Sie aus der Großstadt heraus, um die schöne Provinz kennenzulernen. Dort gibt es zahlreiche Herrenhäuser mit stilvoller Ausstattung. Diese Privathäuser gehören zu alten, z. T. adligen portugiesischen Familien, die Sie gastfreundlich aufnehmen werden. Näheres erfahren Sie über das portugiesische Verkehrsamt, Stichwort *Turismo de Habitação* [tu'rischmu d‿abita'sau].

Ein weiteres besonderes Erlebnis (wenn auch nicht ganz billig) ist der Aufenthalt in einer *pousada* [po'sada]. Das sind ehemals staatliche, inzwischen privat geführte Hotels in einzigartiger Aussichtslage oder in historischen Gebäuden.

> Die MARCO POLO Reiseführer zu Portugal bieten Ihnen sicher eine gute Entscheidungshilfe zur Wahl Ihrer Unterkunft. Besondere Tipps finden Sie auch auf www.marcopolo.de

Badezimmer	casa de banho ['kasa dö 'banju], (Br) banheiro [ba'njeru]
barrierefrei	livre de barreiras [liwr dö ´baräirasch]
Bett/Bettwäsche	cama/roupa de cama ['kama/'ropa dö 'kama]
Bügeleisen	ferro de engomar ['färu d_engu'mar]
Dusche/Duschsitz	o duche/a cadeira de duche [u 'dusch/ka'däira dö 'dusch], (Br) a ducha [a 'duscha]
Etage	o andar [u an'dar]
Fenster	janela [scha'näla]
Frühstück	pequeno almoço [pö'ken_al'mosu]
Frühstücksraum	sala do pequeno almoço ['sala du pö'ken_al'mosu]
Halbpension	meia pensão ['meja pen'sau]
Handtuch	toalha ['tualja]
Hauptsaison	estação alta [schta'sau 'alta]
Heizung	aquecimento [akäsi'mentu]
Kinderbetreuung	baby-sitting ['bäibi 'siting]
Kinderbett	cama de criança ['kama dö 'krjansa]
Klimaanlage	o ar condicionado [u ar kondisju'nadu]
Kopfkissen	almofada [almu'fada], travesseiro [trawö'säiru]
Lampe	candeeiro [kan'djäiru]
Mittagessen	almoço [al'mosu]
Nachsaison	a estação baixa [a schta'sau 'baischa]
Nachttisch	mesa-de-cabeceira ['mesa dö kabö'säira]
Pension	a pensão [a pen'sau]
Powernap	sesta rápida [seschta 'rapida]
(Sofort-)Reinigung (Kleidung)	lavandaria (instantânea) (roupa) [lawanda'ria (inschtan'tanja) ('ropa)]
Reservierung	reserva [rö'särwa]
Restaurant	o restaurante [u röschtau'rant]
Rezeption	Na recepção [na rösä'sau]
Safe	o cofre [u 'koffr]
Schlüssel	a chave [a 'schaw]
Schrank	armário [ar'marju]
Steckdose	tomada [tu'mada]
Toilette	casa de banho ['kasa dö 'banju], (Br) banheiro [ba'njeru]
Toilettenpapier	o papel higiénico (ê) [u pa'päl_i'schjäniku]
Übernachtung (mit Frühstück)	dormida [dur'mida], (Br) o pernoite [u per'noiti] (com pequeno almoço) [kong pö'ken_al'mosu])
Vollpension	a pensão completa [a pen'sau kom'pläta]
Vorsaison	época baixa ['äpuka 'baischa]
Waschbecken	lavatório [lawa'torrju]
Wasser	água ['agua]
Wasserhahn	torneira [tur'näira]
WLAN	Wi-Fi [uai'fai]
Zimmer	quarto ['kuartu]

> *www.marcopolo.de/portugiesisch*

ÜBERNACHTUNG

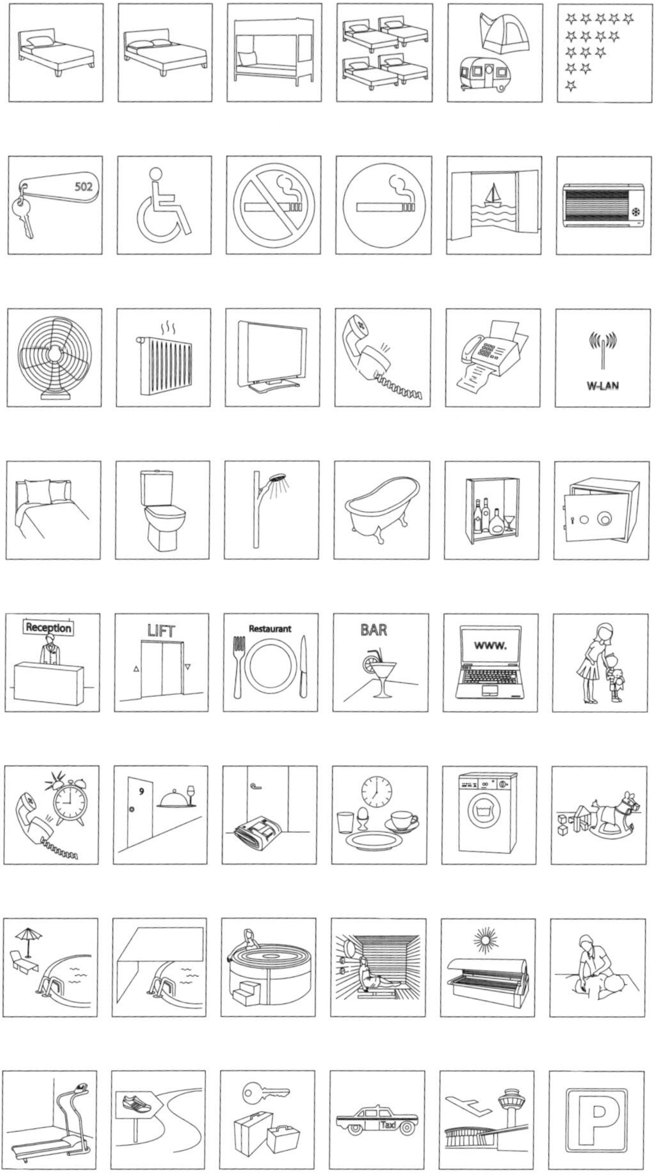

... IM FERIENHAUS

Reiseplanung: Seite 9

Werden Bettwäsche und Handtücher gestellt?	Há roupa de cama e toalhas? [a 'ropa dö 'kam_i tualjasch]
Sind Haustiere erlaubt?	São permitidos animais domésticos? [sau pörmi'tidus_ani'maisch du'mäschtikusch]
Wo bekommen wir die Schlüssel für das Haus/ die Wohnung?	Onde é que recebemos as chaves da casa/ do apartamento? ['ond_ä k rösö'bemus_asch 'schawösch da kasa/ du aparta'mentu]
Müssen wir die Endreinigung selbst übernehmen?	Temos de pagar nós a limpeza final? ['temusch dö pa'gar noss_a lim'pesa fi'nal]
Wohin kommt der Müll?	Onde se coloca o lixo? ['ond s 'kulo'ka u 'lischu]
Gibt es hier ein Lebensmittelgeschäft?	Há aqui uma mercearia? [a a'ki 'uma mörsja'ria]

Anreisetag	o dia da chegada [u 'dia da schö'gada]
Anzahlung	o sinal [u si'nal]
Appartement	apartamento [aparta'mentu]
Bettwäsche	roupa de cama ['ropa dö 'kama]
Endreinigung	limpeza final [lim'pesa fi'nal]
Etagenbett	os beliches [usch bö'lischösch]
Ferienanlage	aldeamento turístico [aldja'mentu tu'rischtiku]
Ferienhaus	o bangaló [u banga'lo]
Ferienwohnung	apartamento (de férias) [aparta'mentu (dö 'färjasch)]
Flaschenöffner	o abre-garrafas [u 'abr ga'rafasch]
Handtuch	toalha ['tualja]
Kaution	a caução [a kau'sau]
Kochnische	kitchenette [kitschi'nät]
Korkenzieher	o saca-rolhas [u 'saka 'roljasch]
Miete	renda ['renda], o aluguer [u alu'gär]
Müll	lixo ['lischu]
Mülltrennung	a separação de lixo [a söpara'sau dö 'lischu]
Nebenkosten	as despesas extraordinárias [asch dösch'pesas_öschtraordi'narjasch]
Schlafzimmer	quarto (de dormir) ['kuartu (dö dur'mir)]
Schlüssel	a chave [a 'schaw]
Strom	a corrente [a ku'rent]
vermieten	alugar [alu'gar]

ÜBERNACHTUNG

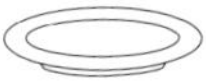
prato
['pratu]

copo/os copos
['kopu/usch 'kopusch]

chávena/as chávenas
['schawina/asch 'schawinasch]

o recipiente para ovos
[u röcipi'ent 'para 'owusch]

garfo
['garfu]

a colher
[a ku'ljär]

faca
['faka]

a colher de café
[a cu'ljer dö ka'fä]

a colher de pau
[a ku'ljär dö pau]

a pá para os fritos
[a pa 'par‿usch 'fritusch]

concha
['konscha]

o batedor de claras
[u batö'dor dö 'klarasch]

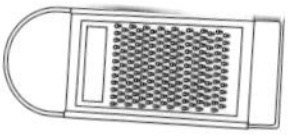
o ralador
[u rala'dor]

tábua para cortar
['tabua 'para kur'tar]

o coador
[u kua'dor]

batedeira
[batö'däira]

tacho
['taschu]

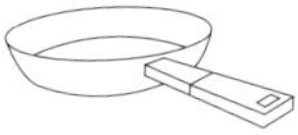
frigideira
[frischi'däira]

tijela/as tijelas
[ti'schäla/asch ti'schälasch]

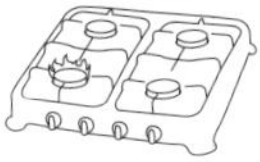
o fogão a gás
[u fu'gau a gasch]

forno
['fornu]

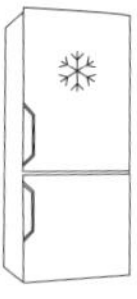
frigorífico [frigu'rifiku],
(Br) geladeira [schela'dera]

máquina de lavar a louça
['makina dö la'war‿a 'losa]

máquina de lavar roupa
['makina dö la'war 'ropa]

o fervedor eléctrico
[u förwö'dor i'lätriku]

máquina de café
['makina dö ka'fä]

filtro de café
['filtru dö ka'fä]

torradeira
[tura'däira]

o aspirador
[u aschpira'dor]

o espanador
[u schpana'dor]

ferro de engomar
['färu d‿engu'mar]

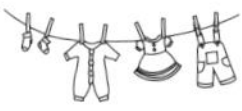
corda para estender roupa
['korda 'para schten'der 'ropa]

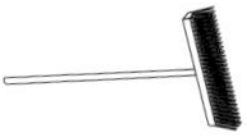
vassoura
[wa'sora]

a pá
[a pa]

o detergente
[u dötör'schent]

o balde
[u 'bald]

... AUF DEM CAMPINGPLATZ

Haben Sie noch Platz für einen Wohnwagen/ein Zelt?	Ainda têm lugar para uma caravana (Br um trailer)/ uma tenda? [a'inda täieng lu'gar 'para 'uma kara'wana (ung 'träila)/'uma 'tenda]
Wie hoch ist die Gebühr pro Tag und Person?	Quanto se paga por dia e por pessoa? ['kuantu s 'paga pur 'dia i pur pö'soa]
Wie hoch ist die Gebühr für ...	Quanto se paga por ... ['kuantu s 'paga pur‿]
das Auto?	um carro? [‿ung 'karu]
den Wohnwagen?	uma caravana (Br um trailer)? [‿'uma kara'wana (ung 'träila)]
das Wohnmobil?	uma autocaravana? [‿'uma autockara'wana]
das Zelt?	uma tenda? [‿'uma 'tenda]
Wir bleiben ... Tage/ Wochen.	Pensamos ficar ... dias/semanas. [pen'samusch fi'kar ...'diasch/sö'manasch]
Gibt es hier ein Lebensmittelgeschäft?	Há aqui uma mercearia? [a a'ki 'uma mörsja'ria]
Wo sind ...	Onde são ... ['ond sau]
die Toiletten?	as casas de banho (Br os banheiros)? [asch 'kasasch dö 'banju (us ba'njerus)]
die Waschräume?	os lavabos? [usch la'wabusch]
die Duschen?	os duches (Br as duchas)? [usch 'duschösch (as 'duschas)]
Gibt es hier Stromanschluss?	Há aqui tomadas? [a a'ki tu'madasch]

Abfallbeutel	saco do lixo ['saku du 'lischu]
Benutzungsgebühr	taxa de utilização ['tascha d‿utilisa'sau]
Brennspiritus	o álcool desnaturado [u 'alkuoll döschnatu'radu]
Camping	campismo [kam'pischmu], (Br) o camping [u 'kamping]
Campingplatz	o parque de campismo [u 'park dö kam'pischmu], (Br) o camping [u 'kamping]
Dosenöffner	o abre-latas [u 'abr 'latasch]
Essbesteck	o talher [u ta'ljär]
Flaschenöffner	o abre-garrafas [u 'abr ga'rafasch]
Gasflasche	botija de gás [bu'tischa dö gasch]
Gaskocher	o camping-gás [u kampin'gasch]
Geschirrspülbecken	o lava-louça [u 'lawa 'losa]
Grill	o grelhador [u grölja'dor]
Grillkohle	o carvão [u kar'wau]
Hammer	martelo [mar'tälu]
Hering	estaca ['schtaka]
Kerzen	as velas [asch 'wälasch]
Kinderspielplatz	o parque infantil [u 'park‿infan'til]

Kocher	o fogão [u fu'gau]
Korkenzieher	o saca-rolhas [u 'saka 'roljasch]
Leihgebühr	taxa de empréstimo ['tascha d_em'präschtimu]
Petroleum	petróleo [pö'trollju]
Petroleumlampe	candeeiro de petróleo [kan'djäiru dö pö'trollju]
Schlafsack	saco-cama ['saku -'kama]
Sonnenschirm	o guarda-sol [u 'guarda soll]
Spaten	a pá [a pa]
Steckdose	tomada [tu'mada]
Stecker	ficha ['fischa], (Br) plugue ['plugi]
Strom	a corrente [a ku'rent]
Stromanschluss	tomada [tu'mada]
Taschenlampe	lanterna de mão [lan'tärna dö mau]
Taschenmesser	o canivete [u kani'wät]
Trinkwasser	água potável ['agua pu'tawäl]
Voranmeldung	pré-aviso [prä a'wisu]
Wasser	água ['agua]
Wohnmobil	autocaravana [autockara'wana]
Wohnwagen	caravana (Br trailer) [kara'wana ('träila)]
Zelt	tenda ['tenda]

... IN DER JUGENDHERBERGE

Kann ich bei Ihnen Bettwäsche/einen Schlafsack leihen?	Podem-me emprestar roupa de cama/um saco-cama? ['poddäim_empprösch'tar 'ropa dö 'kama/ung 'saku -'kama]
Die Eingangstür wird um 24 Uhr abgeschlossen.	A porta fecha à meia-noite. [a 'porrta 'fäscha 'meja 'noit]

Bettwäsche	roupa de cama ['ropa dö 'kama]
Internet	a Internet [a intar'nät]
Jugendherberge	pousada de juventude [po'sada dö schuwen'tud]
Jugendherbergsausweis	o cartão de pousada de juventude [u kar'tau dö po'sada dö schuwen'tud]
Küche	cozinha [ku'sinja]
Mitgliedskarte	o cartão de sócio [u kar'tau dö 'sossju]
Schlafsaal	dormitório [durmi'torrju]
Schlafsack	saco-cama ['saku -'kama]
Waschraum	os lavabos [usch la'wabusch]

> WAS UNTERNEHMEN WIR?

Ob authentischer Kochkurs, spannende Wandertour oder großartiger Theaterabend: Die nächsten Seiten helfen Ihnen dabei, jede Menge Urlaubsabenteuer zu erleben.

AUSKUNFT

Ich möchte einen Stadtplan von ... haben.	Queria uma planta de … [kö'ria 'uma 'planta dö]
Welche Sehenswürdigkeiten gibt es hier?	O que há aqui de interessante para ver? [u kja a'ki d_intörö'sant 'para wer]
Gibt es Stadtrundfahrten?	Há excursões para visita à cidade? [a schkur'soisch 'para wi'sita si'dad]
Was kostet die Rundfahrt?	Quanto custa a excursão? ['kuantu 'kuschta schkur'sau]

VOLLES PROGRAMM

SEHENSWÜRDIGKEITEN/MUSEEN

Wann ist das Museum geöffnet?	Quando é que o museu está aberto? ['kuanduä kju mu'se-u schta a'bärtu]
Wann beginnt die Führung?	A que horas começa a visita guiada? [a 'kjorrasch ku'mäsa wi'sita 'gjada]
Gibt es auch eine Führung auf Deutsch/Englisch?	Há também uma visita guiada em alemão/inglês? [a tam'bäi 'uma vi'sita gi'ad_äi alö'mau/in'glesch]
Darf man hier fotografieren?	Aqui é permitido tirar fotografias? [a'ki ä pörmi'tidu ti'rar futugra'fiasch]

Altar	o altar [u al'tar]
Altstadt	a parte antiga da cidade [a 'part_an'tiga da si'dad], centro histórico ['sentru 'schtorriku]
Architektur	arquite(c)tura [arkitä'tura]
Audioguide	o guia auditivo [u 'gia audi'tivu]
Ausgrabungen	as escavações [as_öschkawa'soisch]
Ausstellung	a exposição [a schpusi'sau]
Besichtigung	visita [wi'sita]
Bild	quadro ['kuadru]
Burg	castelo [kasch'tälu]
Denkmal	monumento [munu'mentu]
Dom (Kirche)	a catedral [a katö'dral]
Festung	fortaleza [furta'lesa]
Fremdenführer	o guia [u 'gia]
Friedhof	cemitério [sömi'tärju]
Führung	visita guiada [wi'sita 'gjada]
Galerie	galeria [galö'ria]
Gebäude	edifício [idi'fisju]
Gemälde	quadro ['kuadru], pintura [pin'tura]
Gottesdienst	missa ['misa], ofício divino [o'fisju di'winu]
Kaiser/in	o imperador/a imperatriz [u impöra'dor/a impöra'trisch]
Kapelle	capela [ka'päla]
Kathedrale	a sé [a sä], a catedral [a katö'dral]
Kirche	igreja [i'grescha]
König/in	o rei/a rainha [u 'räi/a ra'inja]
Malerei	pintura [pin'tura]
Maler/in	o pintor/a pintora [u pin'tor/a pin'tora]
Museum	o museu [u mu'se-u]
Plastik	escultura [schkul'tura]
Platz	praça ['prasa]
Rathaus	Câmara Municipal ['kamara munisi'pal], (Br) Prefeitura [prefäi'tura]
Religion	a religião [a röli'schjau]
restaurieren	restaurar [röschtau'rar]
Ruine	ruína [ru'ina]
Schloss	palácio [pa'lasju]
Sehenswürdigkeiten	os monumentos [usch munu'mentusch]
Stadtrundfahrt	visita à cidade [wi'sita si'dad]
Turm	a torre [a 'tor]

VOLLES PROGRAMM

AUSFLÜGE

Wann treffen wir uns?	A que horas nos encontramos? [a 'kjorasch nus_enkon'tramusch]
Wo fahren wir los?	Donde partimos? ['dond par'timusch]
Kommen wir am/an … vorbei?	Passamos por …? [pa'samusch pur]
Besichtigen wir auch …?	Vamos visitar também …? ['wamusch wisi'tar tam'bäi]
Wann fahren wir zurück?	A que horas voltamos? [a 'kjorasch wol'tamusch]

Ausflug	a excursão [a schkur'sau], passeio [pa'seju]
Aussichtspunkt	miradouro [mira'doru]
Berg	o monte ['mont]
Bergdorf	aldeia na serra [al'deja na 'sära]
Fischerhafen	porto de pesca ['portu dö 'päschka]
Fischerort	vila piscatória ['wila pischka'torja]
Fluss	rio ['riu]
Freizeitpark	o parque de diversões [u 'park dö diwör'soisch]
Gebirge	serra ['sära], as montanhas [asch mon'tanjasch]
Geländewagen	veículo todo-o-terreno [wäi'ikulu 'tod_u tö'renu]
Gipfel	o cume [u 'kum]
Höhle	caverna [ka'wärna]
Insel	ilha ['iljija]
Kap	cabo ['kabu]
Landesinnere	o interior [u intöri'or]
Landschaft	a paisagem [a pai'saschäi]
Markt	mercado [mör'kadu]
Markthalle	praça ['prasa]
Meer	o mar [u mar]
Nationalpark	o parque nacional [u 'park nasju'nal]
Naturschutzgebiet	reserva natural [rö'särwa natu'ral]
Quelle	a fonte [a 'font], a nascente [a nasch'sent]
Pass	desfiladeiro [döschfila'däiru]
Plantagen	as plantações (Br as fazendas) [asch planta'soisch (as fa'zendas)]
Rundfahrt	a excursão [a schkur'sau]
See	(Meer) o mar [u mar], (Binnengewässer) lago ['lagu]
Steilküste	falésia [fa'läsja]
Tagesausflug	a excursão/o passeio de um dia [a schkur'sau/u pa'seju d_ung 'dia]
Wald	floresta [flu'räschta], o bosque [u 'boschk]
Wallfahrtsort	o lugar de peregrinação/de romaria [u lu'gar dö pörögrina'sau/dö ruma'ria]

Wasserfall	queda de água ['käda d_'agua], as cascatas [asch kasch'katasch]
Zoo	o jardim zoológico [u schar'ding su-u'loschiku]

AM ABEND

CLUB | O CLUBE [u 'klub]

Was ist ... los?	Há algum programa ... [a al'gung pru'grama]
dieses Wochenende	neste fim de semana? [nöscht fing dö sö'mana]
heute Abend	hoje à noite? ['osch_a 'noit]
Was kann man hier abends unternehmen?	Que diversões nocturnas há aqui? [k diwör'soisch no'turnasch a a'ki]
Gibt es hier eine gemütliche Kneipe?	Há aqui um bar com um ambiente agradável? [a a'ki 'ungbar kong ung am'bjent_agra'dawäl]
Wo kann man hier tanzen gehen?	Onde é que aqui se pode ir dançar? ['ond_ä kja'ki s 'podd_ir dan'sar]
Welche Musikrichtung wird hier gespielt?	Qual é o género de música que aqui tocam? [kual_ä u 'schänöru dö 'musika k_a'ki 'tokam]
Ist Abendgarderobe erwünscht?	É aconselhado fato escuro? [ä akonsö'ljadu 'fatu 'schkuru]
Im Eintrittspreis ist ein Getränk enthalten.	No preço da entrada está incluída uma bebida. [nu 'presu da en'trada schta in'kluid_'uma bö'bida]
Ein Bier, bitte.	Uma cerveja, por favor. ['uma sör'wescha pur fa'wor]
Das Gleiche noch einmal.	Outra vez o mesmo. ['otra wes_u 'meschmu]
Diese Runde übernehme ich.	Esta rodada pago eu. ['äschta ru'dada 'pagu e-u]
Wollen wir tanzen?	Vamos dançar? ['wamusch dan'sar]

ausgehen	sair [sa'ir]
Band	conjunto [kon'schuntu]
Bar	o bar [u bar]
Club/Diskothek	o clube/discoteca [u 'klub/dischku'täka]
DJ	o disc-jokey [u 'disk 'schoki]
E-Zigarette	cigarro eletrónico [si'garu ilä'troniku]
Fadolokal	o restaurante de fado [u röschöau'rantdö'fadu]
Kneipe	tasca ['taschka], taberna [ta'bärna], o bar [ubar]
Livemusik	música ao vivo ['musik_au 'wiwu]
Party	festa ['fäschta]
Schwulen-/Lesbenszene	cena dos homossexuais e lésbicas ['sena dusch omoseksu'aisch i 'läschbikasch]
Show	espe(c)táculo [schpä'takulu]
Tanzmusik	música de dança ['musika dö 'dansa]
Türsteher	porteiro [pur'täiru]

VOLLES PROGRAMM

THEATER/KONZERT/KINO
TEATRO/CONCERTO/CINEMA [ti'jatru/kon'sertu/si'nema]

Haben Sie einen Veranstaltungskalender für diese Woche?	Tem um programa dos espe(c)táculos desta semana? [täi um pru'grama dus_schpä'takulusch ˌdäschta sö'mana]
Welches Stück wird heute Abend im Theater gespielt?	Qual é a peça que vai hoje à noite no teatro? [kual_ä a 'päsa k wai 'osch_a 'noit nu 'tjatru]
Können Sie mir ein gutes Theaterstück empfehlen?	Pode-me aconselhar uma boa peça de teatro? ['poddöm_akonsö'ljar_'uma 'boa 'päsa dö 'tjatru]
Wann beginnt die Vorstellung?	A que horas começa o espe(c)táculo? [a 'kjorrasch ku'mäsa u schpä'takulu]
Wo bekommt man Karten?	Onde se podem comprar os bilhetes? ['ond s 'poddäi kom'prar_usch bi'ljetösch]
Bitte zwei Karten für heute Abend.	Dois bilhetes para hoje à noite, se faz favor. [doisch bi'ljetösch 'para 'osch_a 'noit s fasch fa'wor]
Bitte zwei Plätze zu ...	Dois bilhetes de …, se faz favor. [doisch bi'ljetösch dö ... s fasch fa'wor]
Kann ich bitte ein Programm haben?	Pode-me dar um programa, se faz favor? ['poddöm dar_um pru'grama s fasch fa'wor]
Wo ist die Garderobe?	Onde é o bengaleiro? ['ond_ä u benga'läiru]

WIE DIE EINHEIMISCHEN

Insider Tipps

Feiern auf Portugiesisch

In den Großstädten gibt es eine breite Palette von Clubs und Bars. Vor 23 Uhr läuft allerdings nicht viel. In Lissabon finden Sie die meisten Bars im alten Viertel Bairro Alto und an der Avenida 24 de Julho/Docas.

Wenn Sie wissen wollen, welche Bar oder welcher Club gerade angesagt ist, so fragen Sie nicht den Hotelportier, sondern junge Leute auf der Straße (*Que bar é que está na moda?* [k bar ä k schta na 'moda])

Kultur pur!

Das Angebot an Theater – Konzert – Kino ist in den Großstädten sehr groß. Die Tageszeitung und die *Agenda Cultural* [a'schenda kultu'ral] informieren ausführlich darüber.

Filme „pur"!

In Portugal werden Kinofilme in der Originalfassung mit portugiesischen Untertiteln gezeigt. Wenn gerade ein deutscher Film läuft, können Sie ihn also „pur" genießen.

Ballett	o ballet (Br balé) [u ba'lä]
Eintrittskarte	o bilhete [u bi'ljet]
Festival	o festival [u föschti'wal]
Film	o filme [u 'film]
Kasse	bilheteira [biljö'täira], (Br) bilheteria [biljete'ria]
Kino	o cinema [u si'nema]
Konzert	concerto [kon'sertu]
Musical	o musical [u musi'kal]
Oper	ópera ['oppöra]
Premiere	estreia ['schtreja]
Programm	o programa [u pru'grama]
Schauspiel	peça de teatro ['päsa dö 'tjatru]
Theater	teatro ['tjatru]
Veranstaltungskalender	o programa/calendário dos espe(c)táculos [u pru'grama/kalen'darju dus_schpä'takulusch]
Vorstellung	a representação [a röprösenta'sau]
Vorverkauf	venda antecipada ['wend_antösi'pada]

FESTE/VERANSTALTUNGEN | FESTAS E EVENTOS ['fäschtas_i i'ventusch]

Könnten Sie mir bitte sagen, wann das ...-Festival stattfindet?	Quando é que se realiza o festival de ..., faz favor? ['kuand_ä k s rja'lisa u föschti'wal dö fasch fa'wor]
vom ... bis ...	de ... a ... [dö ... a ...]
jedes Jahr im August	todos os anos em Agosto ['todus_us_'anusch äi a'goschtu]
Fest der Roten Weste (Vila Franca de Xira)	Festa do Colete Encarnado ['fäschta du ku'let_enkar'nadu]
Feste zu den Volksheiligen	as festas dos Santos Populares [asch 'fäschtasch dusch 'santusch pupu'larösch]
Dorffest	festa da vila ['fäschta da 'wila]
Feuerwerk	fogo de artifício ['fogu d_artö'fisju]
Flohmarkt	feira da ladra ['fäira da 'ladra]
Folklorefestival (Algarve)	o Festival Nacional do Folclore [u föschti'wal nasju'nal du fol'klor]
Gastronomiefestival	o Festival de Gastronomia [u föschti'wal dö gaschtrunu'mia]
Jahrmarkt	feira ['fäira]
Karneval/Fasnet	o carnaval [u karna'wal]
Kirmes	romaria [ruma'ria]
landwirtschaftlicher Jahrmarkt (Santarém)	Feira Nacional da Agricultura ['fäira nasju'nal d_agrikul'tura]
Modemesse (Lissabon)	Moda Lisboa ['moda lisch'boa]
Pferdejahrmarkt (Golegã)	Feira Nacional do Cavalo ['fäira nasju'nal du ka'walu]

VOLLES PROGRAMM

Prozession	a procissão [a prusi'sau]
Radrundfahrt in Portugal	Volta a Portugal em Bicicleta ['wolt‿a purtu'gal äi bisi'kläta]
Rallye Portugal	o Rali de Portugal [u ra'li dö purtu'gal]
Stierkampf	tourada [to'rada]
Straßenfestival	o festival de rua [u föschti'wal dö 'rua]
Trachtenfest	festa dos trajes ['fäschta dusch 'traschösch]
Umzug	cortejo [kur'teschu]
Wallfahrt	a peregrinação [a pörögrina'sau]
Weinlesefest (Palmela)	Festa das Vindimas ['fäschta dasch win'dimasch]
Zirkus	circo ['sirku]

STRAND UND SPORT

IM SCHWIMMBAD/AM STRAND
NA PISCINA/NA PRAIA [na pisch'sina/na 'praja]

Ist die Strömung stark?	A corrente é forte? [a ku'rent‿ä 'forrt]
Ist es für Kinder gefährlich?	É perigoso para as crianças? [ä pöri'gosu 'parasch 'krjansasch]
Wann ist Ebbe/Flut?	A que horas é a maré baixa/a maré cheia? [a 'kjorras‿ä a ma'rä 'baischa/a ma'rä 'scheja]

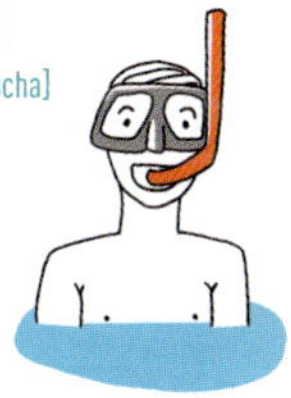

Bademeister	o nadador-salvador [u nada'dor salwa'dor], (Br) o salva-vidas [u 'salwa 'widas]
Badestrand	praia (de banhos) ['praja (dö 'banjusch)]
Dusche	o duche [u 'dusch], (Br) a ducha [a 'duscha]
Kiosk	o quiosque [u ki'oschk]
Liegestuhl	espreguiçadeira [schprähgisa´dera]
Nichtschwimmer	não nadador [nau nada'dor]
Qualle	alforreca [alfu'räka]
schwimmen	a natação [a nata'sau]
Schwimmer	o nadador [u nada'dor]
Sonnenschirm	o guarda-sol [u 'guarda soll]
Strömung	a corrente (Br correnteza) [a ku'rent (kuren'tesa)]
Windschirm	o pára-vento [u 'para 'wentu]

AKTIVURLAUB/SPORT
FÉRIAS A(C)TIVAS/DESPORTO ['färjasch a'tiwasch/dösch'portu]

Welche Sportmöglichkeiten gibt es hier?	Que desportos (Br esportes) se podem praticar aqui? [k dösch'porrtusch (es'porrtis) s 'poddäi prati'kar‿a'ki]
Gibt es hier ...	Há aqui ... [a a'ki]

Wo kann ich ... ausleihen?	Onde é que posso alugar …? ['ond_ä k 'poss_alu'gar]
Kann ich mitspielen?	Também posso jogar? [tam'bäi 'possu schu'gar]
Ich möchte einen ...kurs machen.	Queria fazer um curso de … [kö'ria fa'ser_ung 'kursu dö]

Anfänger	o principiante [u prinsi'pjant]
Eintrittskarte	o bilhete [u bi'ljet]
Ergebnis	resultado [rösul'tadu]
Fortgeschrittener	avançado [awan'sadu]
gewinnen	ganhar [ga'njar]
Kasse	bilheteira [biljö'täira], (Br) bilheteria [biljete'ria]
Kurs	curso ['kursu]
Mannschaft	equipa [i'kipa], (Br) a equipe [a i'kipi]
Niederlage	derrota [dö'rotta]
Rennen	corrida [ku'rida]
Schiedsrichter	árbitro ['arbitru]
Sieg	vitória [wi'torrja]
Spiel	jogo ['schogu]
unentschieden	empatado [empa'tadu]
verlieren	perder [pör'der]
Wasserskooter	mota de água [motta d'agua]
Wettkampf	a competição [a kompöti'sau]

WASSERSPORT DESPORTOS NÁUTICOS [dösch'portusch 'na-utikusch]

Bootsführerschein	carta de marinheiro ['karta dö mari'njäiru]
Bootsverleih	o aluguer de barcos [u alu'gär dö 'barkusch]
Canyoning	o canyoning [u 'känioning], o barranquismo [u baran'kischmu]
Freibad	piscina ao ar livre [pisch'sin_au ar 'liwr]
Hallenbad	piscina coberta [pisch'sina ku'bärta]
Kanu	canoa [ka'noa]
Motorboot	barco a motor ['barku a mu'tor]
Paddelboot	canoa [ka'noa]
Regatta	regata [rö'gata]
Rückholservice	serviço de acompanhamento [sör'wisu d_akompanja'mentu]
Ruderboot/udern	barco a remos/remo ['barku a 'remusch/'remu]
Schlauchboot	barco pneumático ['barku pne-u'matiku]
Segelboot	barco à vela ['barku a 'wäla], veleiro [wö'läiru]
Segeln	vela ['wäla]
Segelschule	escola de vela ['schkola dö 'wäla]
Surfbrett	prancha de surf ['prancha dö sörf]
Surfen	o surf [u sörf]
Surfschule	escola de surf ['schola dö sarf]
Tretboot	gaivota [gai'wotta]

VOLLES PROGRAMM

Wasserski	esquis aquáticos [schkis_aku'atikusch]
Windsurfen, windsurfen	o windsurf [u 'uind 'sarf], fazer windsurf [fa'ser 'uind 'sarf]

TAUCHEN MERGULHO DESPORTIVO [mör'gulju döschpur'tiwu]

Gerätetauchen	mergulho submarino [mör'gulju subma'rinu]
Neoprenanzug	fato de neoprene ['fatu dö neo'prän]
Sauerstoffgerät	aparelho de oxigénio [apa'relju d_oksi'schänju]
Schnorchel	tubo ['tubu]
schnorcheln	nadar com tubo respirador [na'dar kong 'tubu röschpira'dor]
Schwimmflossen	as barbatanas [asch barba'tanasch]
tauchen	mergulhar [mörgu'ljar]
Taucherausrüstung	equipamento de mergulhador [ikipa'mentu dö mörgulja'dor]
Taucherbrille	os óculos (de mergulhador) [us_'ockulusch (dö mörgulja'dor)]
Tauchschule	escola de mergulho desportivo ['schkola dö mör'gulju döschpur'tiwu]

ANGELN PESCA À LINHA ['päschk_a 'linja]

Wo kann man hier angeln?	Onde é que se pode pescar à linha? ['ond_ä k s 'podd pösch'kar_a 'linja]
Angel	cana de pesca ['kana dö 'päschka]
Angeln	pesca à linha ['päschk_a 'linja]
angeln	pescar à linha [pösch'kar_a 'linja]
Angelschein	licença de pesca [li'sensa dö 'päschka]
Hochseefischen	pesca de alto mar ['päschka d_altu mar]
Köder	isco ['ischku]
Schonzeiten	época de defeso ['äpuka dö dö'fesu]

WIE DIE EINHEIMISCHEN

Insider Tipps

Gefährliche Verlockung

Zwar locken die Flüsse mit ihrem zum Teil kristallklaren Wasser zu einem kühlen Bad. Dennoch sollten Sie lieber darauf verzichten: Die Strömungen und die unvorhersehbaren „Wasserlöcher" (*os poços* [usch 'posusch]) in den großen Flüssen sind gefährlich!

König Fußball

In Portugal ist es schon fast „Pflicht", sich mit König Fußball zumindest ein klein wenig auszukennen. Um sich nicht als „Ignorant" zu outen, genügt es schon, die Namen der wichtigsten Mannschaften zu wissen: FC Porto, Benfica, Sporting und Braga.

BALLSPIELE JOGOS DE BOLA ['schogusch dö 'bola]

Ball	bola ['bolla]
Basketball	o basquetebol [u baschkätö'boll]
Fußball	o futebol [u futö'boll]
Fußballmannschaft	equipa (Br a equipe) de futebol [i'kipa (a i'kipi) dö futö'boll]
Fußballplatz	campo de futebol ['kampu dö futö'boll]
Fußballspiel	jogo de futebol ['schogu dö futö'boll]
Handball	o andebol [u andö'boll]
Netz	a rede [a 'red]
Spiel	jogo ['schogu]
Tor	golo ['golu], (Br) gol [gol]
Torwart	o guarda-redes [u 'guarda 'redösch], (Br) goleiro [go'leru]
Volleyball	o voleibol [u wolläi'boll]

TENNIS UND ÄHNLICHES TÉNIS E SEMELHANTE ['tänis_i sömö'ljant]

Badminton	o badminton [u bäd'minton]
Doppel	jogo a pares ['schogu a 'parösch]
Einzel	jogo individual ['schog_indiwidu'al]
Schläger	raqueta [ra'käta]
Squash	o squash [u skuosch]
Tennis	o ténis [u 'tänisch]
Tennishalle	campo de ténis coberto ['kampu dö 'tänisch ku'bärtu]
Tennisplatz	campo de ténis ['kampu dö 'tänisch]
Tischtennis	o ténis de mesa [u 'tänisch dö 'mesa], o pingue-pongue [u 'ping'pong]

FITNESS- UND KRAFTTRAINING MANUTENÇÃO FÍSICA E TREINO [manuten'sau 'fisik_i 'träinu]

Aerobic	aeróbica [aä'robika]
Faszientraining	libertação miofascial [li´bärta´sau miu´fa´sjal]
Fitnessarmband	pulseira de fitness [pul'säira dö fitn's]
Fitnesscenter	centro de manutenção física ['sentru dö manuten'sau 'fisika]
Indoor-Cycling	ciclismo indoor [si'klischmu indu']
joggen	fazer jogging [fa'ser 'dschogging], correr [ku'rer]
Krafttraining	treino ['träinu]
Yoga/Pilates	o ioga/o Pilates [u i'oga/u pi'latösch]
Zumba	Zumba ['sumba]

WELLNESS WELLNESS [u'älnäs]

Akupressur	a acupressão [a akuprö'sau]
Aromatherapie	aromaterapia [aromatöra'pia]
Bäder	os banhos [usch 'ba'njusch]
Beautybehandlung	tratamento de beleza [trata'mentu dö bö'lesa]
Dampfbad	banho de vapor ['banju dö wa'por]
Diätkost	a alimentação de dieta [a alimenta'sau dö di'äta]

Hamam	banho turco ['ba'nju 'turku]
Maniküre/Pediküre	manicura/pedicura [mani'kura/pödi'kura]
Massage	a massagem [a ma'saschäi]
Peeling	limpeza de pele [lim'pesa dö 'päl]
Sauna	sauna ['sauna]
Solarium	solário [su'larju]
Whirlpool	piscina com ja(c)to de massagem [pösch'sina kong 'schatu dö ma'saschäi]

RADFAHREN BICICLETA [bisi'kläta]

E-Bike	bicicleta elétrica [bisi'klät_i'lätrika]
Fahrrad	bicicleta [bisi'kläta]
Fahrradhelm	o capacete de bicicleta [u kapa'set dö bisi'kläta]
Fahrradweg	pista para bicicletas ['pischta 'para bisi'klätasch]
Flickzeug	caixa de remendos ['kaischa dö rö'mendusch]
Luftpumpe	bomba de ar ['bomba d_ar]
Mountainbike	bicicleta de montanha [bisi'kläta dö mon'tanja]
Rad fahren	andar de bicicleta [an'dar dö bisi'kläta]
Radrennen	corrida de bicicletas [ku'rida dö bisi'klätasch]
Radtour	passeio de bicicleta [pa'seju dö bisi'kläta]
Rennrad	bicicleta de corrida [bisi'kläta dö ku'rida]
Schlauch	câmara-de-ar ['kamara d_ar]

WANDERN UND BERGSTEIGEN MARCHA E MONTANHISMO ['marsch_i monta'njischmu]

Ich möchte eine Bergtour machen.	Gostaria de dar um passeio pelos montes. [guschta'ria dö dar_um pa'seju 'pelusch 'montösch]
Können Sie mir eine interessante Route auf der Karte zeigen?	Pode-me indicar no mapa um itinerário interessante? ['poddöm_indi'kar nu 'mapa ung itinö'rarju intörö'sant]

Bergführer	o guia de montanhismo [u 'gia dö monta'njischmu]
Bergsteigen	alpinismo [alpi'nischmu]
Fernwanderweg	o grande circuito de marcha [u 'grand sir'kuitu dö 'marscha]
Route	itinerário [itinö'rarju]
Schutzhütte	a choupana-refúgio [a scho'pana rö'fuschju]
Seilbahn	teleférico [tölö'färiku]
Sicherungsseil	cabo de segurança ['kabu dö sögu'ransa]
Tagestour	percurso de um dia [pör'kursu d_ung 'dia]
Trekking	todo-terreno ['todu tö'renu]
Wanderkarte	o mapa dos circuitos de marcha [u 'mapa dusch sir'kuitusch dö 'marscha]
wandern	fazer marchas [fa'ser 'marschasch], caminhar [kami'njar]
Wanderweg	circuito turístico [sir'kuitu tu'rischtiku]

REITEN EQUITAÇÃO [ikita'sau]

Ausritt	passeio a cavalo [pa'säju a ka'walu]
Pferd	cavalo [ka'walu]
reiten	montar [mon'tar], andar a cavalo [an'dar_a ka'walu]
Reiterferien	as férias equestres [asch 'färjas_i'kuäschtrösch]
Reitschule	escola de equitação [sch'kola d_ikita'sau]
Reitsport	a equitação [a ikita'sau]

GOLF O GOLFE [u 'gollf]

18-Loch-Platz	o golfe com 18 buracos [u 'golf kong dö'soitu bu'rakusch]
abschlagen	dar a (primeira) tacada [dar a (pri'mäira) ta'kada]
Golf	o golfe [u 'gollf]
Golfschläger	taco de golfe ['taku dö 'gollf]
Greenfee	o greenfee [u 'grinfi]
Parcours	percurso [pör'kursu]

IN DER LUFT PELOS ARES ['pelus_'arösch]

Drachenfliegen	asa delta ['asa 'dälta]
Fallschirmspringen	o pára-quedismo [u parakö'dischmu]
Gleitschirm	o parapente [u para'pent]
Paragliding	o paragliding [u para'glaiding]
Schleppschirm (am Strand)	o pára-quedas rebocado [u para'kädasch röbu'kadu]
Segelfliegen	deltaplan ['dälta -'plan]

SONSTIGE SPORTARTEN OUTROS DESPORTOS ['otrusch dösch'portusch]

Bowling	o bowling [u 'boling]
Bungeejumping	o bungeejumping [u bandschi'dschamping]
Eishockey	o hóquei sobre o gelo [u 'okäi 'sobr_u 'schelu]

WIE DIE EINHEIMISCHEN

Insider Tipp

Ein Paradies für Golfer

Portugal bietet Golfspielern alles, was das Herz begehrt. Die schönsten Golfplätze liegen bei Estoril in der Nähe von Lissabon und an der Algarve-Küste. Durch das ganzjährig milde Klima kann man auch seiner Leidenschaft frönen, wenn hierzulande tiefster Winter herrscht und die Plätze geschlossen sind. Zudem ist es günstiger als bei uns.

Eislauf	a patinagem sobre o gelo [a pati'naschäi 'sobr_u 'schelu]
Inlineskaten	andar de patins em linha [an'dar dö pa'tins_äi 'linja]
Lift	o elevador [u ilöva'dor]
Minigolf	o minigolfe [u mini'gollf]
Rollhockey	o hóquei em patins [u 'ok_ äi pa'tinsch]
Rollschuh fahren	andar de patins [an'dar dö pa'tinsch]
Schlittschuhe	os patins [usch pa'tinsch]
schlittschuhlaufen	andar de patins de gelo [an'dar dö pa'tisch dö 'schelu]
Schnee	a neve [a 'näw]
Sessellift	teleférico de cadeiras [tölö'färiku dö ka'däirasch]
Skateboard fahren	andar de skateboard [an'dar dö skäit'bod]
Ski	o esqui [u schki]
skilaufen	andar de esqui [an'dar dö schki]
Wasserball	pólo aquático ['poll_a'kuatiku]

KURSE

Ich möchte ... belegen.	Queria tirar ... [kö'ria ti'rar]
einen Portugiesischkurs	um curso de português [ung 'kursu dö purtu'gesch]
für Anfänger	para principiantes. ['para prinsöpi'antösch]
für Fortgeschrittene	para avançados. ['par_awan'sadusch]
Sind Vorkenntnisse erforderlich?	É preciso ter conhecimentos prévios? [ä prö'sisu ter kunjösi'mentusch 'präwjusch]
Bis wann muss man sich anmelden?	Qual é o prazo de inscrição? ['kual_ä u 'prasu d_inschkri'sau]
Sind die Materialkosten inklusive?	O custo do material está incluído? [u 'kuschtu du matöri'al schta inklu'idu]
Was ist mitzubringen?	O que é preciso trazer? [u k_ä prö'sisu tra'ser]

(Akt-)Zeichnen	desenhar (nus) [dösö'njar (nusch)]
(Aquarell-)Malen	pintura (de aguarela) [pin'tura (d_agua'räla)]
Fotografieren	fotografia [futugra'fia]
Goldschmieden	ourivesaria [oriwösa'ria]
Holzwerkstatt	carpintaria [karpinta'ria]
Kochen	culinária [kuli'naria]
Kurs	curso ['kursu]
Malen	pintura [pin'tura]
Ölmalerei	pintura a óleo [pin'tura a 'olju]
Sprachkurs	curso de línguas ['kursu dö 'linguasch]
Tanz	dança ['dansa]
Trommeln	tocar tambores [tu'kar tam'borösch]
Workshop	o workshop [u uarkö'schop]

saufen

(wörtl. Benzin tanken)

atestar [atösch'tar]

> MEHR ALS NUR SPRACHE

Wenn das Wörterbuch schlappmacht und Sie nur noch Bahnhof verstehen, dann handelt es sich um einen klaren Fall von: Achtung! Slang

WERDEN SIE ZUM INSIDER

Wer kennt sie nicht, diese Situation: Sie haben in einem fremdsprachigen Land Kontakt gefunden und lauschen angeregt den Gesprächen Ihrer neuen Freunde – und da sind sie, diese mysteriösen Worte, die bei Ihnen nur ein großes Fragezeichen hinterlassen. Denn es gibt jene Vokabeln und Wendungen, die im Wörterbuch stehen, und dann gibt es jene, die auf der Straße gesprochen werden. Aber keine Panik, auf den nächsten Seiten sind Sie mittendrin in der Sprache der Insider, wie sie im Café, in den Clubs und Bars, Shops, Hotels und Hostels, beim Smalltalk in Bus und Bahn und auf den lebendigen Plätzen der Dörfer, Städte und Metropolen gesprochen wird. Und damit auch Sie zum Insider wer-

> S. 94

ACHTUNG! SLANG

den, haben wir sie für Sie aufgespürt: die authentischen, die wichtigsten und witzigsten Slangausdrücke. Dabei gibt es jedoch Formulierungen, die Sie besser meiden sollten, denn: Manchmal ist Schweigen wirklich Gold. Auch zu beachten: Oft ist Umgangssprache lokal geprägt und die Aussprache kann von Region zu Region variieren. Aber mit ein wenig Geduld kann man sich auch in diese verschiedenen Dialekte einhören.
Wir wünschen Ihnen viel Spaß beim Lesen und beim Erweitern Ihres Wortschatzes!

ALLTAG

BEGRÜSSEN UND CO.

(Br) **Oi!** [oi] / **Olá!** [o'la]	Hi!
(Br) **Oi gente!** [oi ,schäntschi]	Hallo zusammen!
Tá-se?/Comé? [tass/'komä]	Na?
Tá tudo?/Tudo bem?/Tudo em cima? [ta ,tudu/'tudu bäi/'tudu äi 'ssima]	
(Br) **Tudo bom?**/(Br) **Tudo legal?**/(Br) **Tudo jóia?** [,tudu bong/'tudu le'gau/'tudu ,schoia]	Alles klar? Wie läuft's?
Chau. ['schau]	Tschüss.

ANTWORTEN ...

sim/ja [ssing/ja]	ja
claro ['klaru]	klar
Fixe!/Fixolas! [fisch/fi'scholasch]	Klasse!
Na boa! [na 'boa]	Gerne!
Tá-se bem! ['tass bäi]	Ok! Gut!
Porreiro pá! [pu'rrairu pa]	Geil, Mann!
Tá bem tá! [ta bäi ta]	Ist ja gut!
Sei lá! [ssej la]	Weiß nicht!
Não faço ideia! [nau 'fassu i'deja]	Keine Ahnung!
Quero lá saber! ['keru la ssa'ber]	Mir egal!
Estou-me a cagar! [sch'tom_a ka'gar]	Das ist mir total schnuppe!
não/nah [nau/na]	nein/nö
Tira o cavalinho da chuva! ['tir_o kawa'linju da 'schuwa]	Vergiss es! (wörtl. Zieh das Pferdchen aus dem Regen!)*
Era o que faltava! [är_o k fal'tawa]	Das fehlte noch!
No dia de São Nunca à tarde! [nu 'dia dö ssau 'nunk_a tard]	Niemals! (wörtl. nachmittags am St.-Nimmerleins-Tag)

... UND AUFFORDERUNGEN

Bolinha baixa! [bo'linja 'baischa]	Noch ein Satz und ...
Aguenta aí os cavalos! [a'guent_ai usch ka'walusch]	Warte mal! (wörtl. beruhig die Pferde)
Mexe-me esse cu! [meschöm_ess ku]	Beweg deinen Hintern!
Calmex!/Calma! ['kalmex/'kalma]	Geduld! Jetzt mal langsam!
Põe-te manso! [point 'manssu]	Ruhig Blut!/Ganz ruhig!
Vai à tua vida! [wai a tua 'wida]	Scher' dich weg!

UNTER FREUNDEN ...

mandar um toque ['mandar_ung tok]	bei jdm durchklingeln (Handy)
mensajar ['menssaschar]	jdm simsen
dar uma volta com o pessoal/people [dar_'uma 'wolta k_o pessu'al/'pipal]	mit jdm abhängen
(Br) **fofoca** [fo'foka]	Klatsch
cuscar ['kuschkar]	tratschen
falar pelos cotovelos ['falar plusch kutu'velusch]	reden wie ein Wasserfall (wört. aus den Ellenbogen reden)
dizer merda [diser 'märda]	Quatsch reden
cortar na casaca/estar no cortes ['kurtar na ka'saka/sch'tar nu kortösch]	über jdn herziehen
meter água ['möter_'agua]	Mist bauen
meter o pé na argola ['möter_u pä n_ar'gola]	ins Fettnäpfchen (wörtl. in den Ring) treten
estraga fodas [sch'traga 'fodasch]	Spielverderber
(Br) **arroz de festa** [a'hois dschi ,feschta]	jd, der auf allen Hochzeiten tanzt

DAS GEFÄLLT ...

Brutal! [bru'tal]	Krass!
Bué da fixe! [bu'ä da fisch]	Geil!
Ganda malha!/Ganda cena! ['ganda m'alja/ganda 'ssena]	Das geht ab!
(Br) **Tá bombando/**(Br) **É de foder** [ta bom'bandu/ä dschi fu'där]	Das rockt!
Ganda nóia! (Br) **Massa!/** (Br) **Legal!** (Br) **Bacana!** ['ganda 'noia/'massa/le'gau/ba'kana]	Großartig!/Fantastisch!
(Br) **É da lata!** [ä da ,lata]	Das ist super!
do best [du b'esst]	die Krönung/die Crème
És o maior! [äs_u major]	Du bist der Beste!
ter uma ganda vaca/ganda paio [ter_'uma 'ganda 'waka/'ganda 'paju]	Schwein haben (wörtl. Kuh/Salami haben)

... UND DAS LANGWEILT ...

uma seca ['uma ss'eka]	langweilig
Estou a morrer para aqui! [sch'tou a mu'rrer 'pr_aki]	Ich langweile mich zu Tode!

... UND DAS NERVT

Que fatela!/Que chato! [k 'fatela/ke ˌschato]	Total uncool!
(Br) **Que saco!** [ke ˌsaku]	Das nervt!
Que baboseira! [k babu'säira]	Quatsch!
Balelas! ['balelasch]	Schwachsinn!
(Br) **É um monte de merda!** [ä_ung ˌmontschi dschi ˌmärda]	Das ist absoluter Müll!
Que treta! [k 'treta]	Was für ein Reinfall!

SCHLECHT DRAUF?

estar todo rebentado/fodido [sch'tar 'todu röben'tadu/fu'didu]	fix und fertig/alle sein
descansar os ossos [döschkan'ssar_us_'ossusch]	Füße hochlegen/chillen
xonar/arrochar ['schonar/arru'schar]	sich aufs Ohr hauen
passar pelas brasas [passar plasch ˌbrasasch]	ein Nickerchen halten
humor de cão ['umor dö kau]	schlechte Laune (wörtl. Hundelaune)
estar com a pulga atrás da orelha [sch'tar ku_a 'pulga a'trasch d_o'relja]	misstrauisch sein (wörtl. einen Floh hinterm Ohr haben)
ser de luas [sser dö luasch]	launisch sein
ter pelo na venta/ter sangue na guelra [ter 'pelu na 'wenta/ter ssang na 'gelrra]	ein feuriges Temperament (wörtl. Haare auf dem Bauch/Blut in den Kiemen) haben
estar com os nervos à flor da pele [sch'tar k_usch 'nervusch a flor da 'päl]	genervt sein
chegar a mostarda ao nariz ['schögar_a 'muschtard_au 'narisch]	die Nase voll haben
estar com a telha/neura [sch'tar k_ua 'telja/'ne-ura]	einen Rappel haben
passar-se dos cornos [pa'ssarss dusch 'kornusch]	in die Luft/an die Decke gehen
passar-se dos carretos/da marmita [pa'ssarss dusch ka'rretusch/da marmita]	ausrasten
estar em pulgas [sch'tar äi 'pulgasch]	auf heißen Kohlen sitzen
meter os pés pelas mãos ['möter_usch päsch plasch mausch]	sich verhaspeln
fazer figura de urso [fa'ser fi'gura d'ursu]	sich blamieren (wörtl. Bärenfigur machen)
estar cagado de medo [sch'tar ka'gadu dö 'medu]	sich vor Angst in die Hosen machen

ACHTUNG! SLANG

ESSEN

morfes/paparoca [ˈmorfsch/papaˈroka]	Essen
morfar/dar ao dente [ˈmorfar/dar au ˈdent]	essen
uma sandocha [sandˈoscha]	Sandwich
Tenho um rato no estômago. [ˈtenj_ung ˈrratu nu schˈtomagu]	Ich hab Appetit. (wörtl. Ich habe eine Maus in meinem Magen.)
Tenho larica./Estou com a traça. [ˈtenju laˈrika/fuˈmeka/schˈto ku_a ˈtrassa]	Ich hab Hunger. (traça wörtl. Kleidermotte)
Tenho o estômago colado às costas. [ˈtenj_u schˈtomagu kuˈladu asch ˈkoschtasch]	Ich hab Kohldampf.
Era capaz de comer um cavalo! [ˈera kaˈpasch dö kuˈmer ung kaˈvalu]/ (Br) **Eu comeria um boi!** [e-u komeˈria ung boi]	Ich hab einen Bärenhunger! (wörtl. Ich könnte ein Pferd/einen Ochsen essen.)*
ser um bom garfo [sser_ung bong garfu]	ein guter Esser (wörtl. gute Gabel) sein
enfardar [enfarˈdar]	hinunterschlingen
comer que nem um porco/um abade [kumer k näi_ug ˈporku/ung aˈbad]	sich den Bauch vollschlagen

AUSGEHEN

DRINKS

uma bica/(Br) **um cafezinho** [ˈuma ˈbika/ung kafeˈsinju]	Espresso
uma jola/uma bejeca [ˈschola/böˈschäka]	Bier
fino/(Br) **chope** [ˈfinu/ˈschopi]	Bier vom Fass
imperial [ˈimpörial]	Glas Bier
uma loira (fresca) [ˈuma ˈloira (ˈfreschka)]	ein helles Bier/ein kühles Blondes (wörtl. Blondine)
uma morena/uma ruiva [ˈuma muˈrena/ˈuma ˈrruiwa]	dunkles/rötliches Bier (wörtl. eine Brünette/Rothaarige)
tintol [tinˈtol]	Rotwein
pomada [puˈmada]	Spirituose

*

IN DER BAR/KNEIPE

tasca [t'aschka]	Kneipe
(Br) **tomar uma** [to'mar ,uma]	einen trinken gehen
dar a volta às capelinhas [dar_a 'wolt_asch kapö'linjasch]	auf Kneipentour gehen
(Br) **É por minha conta!** [ä pur ,minja ,konta]	Diese Runde geht auf mich!
beber de shot [bö'ber dö schot]	in einem Zug austrinken
(Br) **encher a cara/**(Br) **tomar todas!** [äng'schär a ,kara/to'mar ,todas]	sich betrinken
atestar [atösch'tar]	saufen (wörtl. Benzin tanken)
Bota abaixo!/(Br) **Vira aí!** ['bot_a'baischu/wir_a'i]	Runter damit!
ir para os copos [ir pr_osch kopusch]	auf die Piste gehen
abanar o capacete/dar uso à anca [abanar_u kapasset/dar_'us_a 'anka]	tanzen (gehen)/das Tanzbein schwingen
gorila [gu'rila]	Türsteher (wörtl. Gorilla)
(Br) **A boate tá bombando!** [a bu'atschi ta bom'bandu]	Der Laden rockt!
Ganda som! ['ganda ssong]	Geile Mucke!
Está mais apertado que sardinhas em lata. [mais_apör'tado k ssar'dinjas_äi 'lata]	Es ist brechend voll (wörtl. wie Sardinen in der Dose).
Está às moscas! [sch'ta asch 'moschkasch]	Hier ist ja nichts los!

SPÄTER...

estar tocado/estar com um grão (na asa) [sch'tar tu'kadu/sch'tar kung grau (n_'asa)]	beschwipst sein/einen Schwips haben
apanhar uma bezana/carraspana [apanjar 'uma bö'sana/karrasch'pana]	einen Kleinen sitzen haben
estar com a cadela/buba [sch'tar ku_a ka'dela/'buba]	blau/sturzbetrunken sein
ter mau vinho [ter mau 'vinju]	betrunken und aggressiv sein
(Br) **fim de feira** [fing dschi ,fäira]	Schicht im Schacht
(Br) **saidera** [sai'dera]	Absacker
uma direta ['uma di'reta]	eine durchgemachte Nacht

> www.marcopolo.de/portugiesisch

ACHTUNG! SLANG

RAUCHEN

prego no caixão ['pregu nu 'kaischau]	Zigaretten (wörtl. Sargnägel)
Vou mandar um bafo! [vo 'mandar_ung 'bafu]	Ich zieh mal eine durch.

MANN UND FRAU

LEUTE

chavalo/gajo/tipo/parceiro [scha'walu/'gaschu/'tipu/par'ssäiru]	Typ/Kerl
(Br) **cara/rapaz** [,kara/ha'pais]	Typ/Kerl
(Br) **Que gato!/Que gatinho!** [ke ,gatu/ke ga'tschinju]	Was für ein süßer Typ!
chavala/gaja/brasa [scha'wala/'gascha/'brasa]	Tussi/Mädel
(Br) **moça/menina/mina** [,mosa/mi'nina/'mina]	Mädel
(Br) **Que gata!/Que gatinha!** [ke ,gata/ke ga'tschinja]	Was für eine süße Schnecke! (wörtl. Katze/Kätzchen)
malta/people ['malta/'pipal]	Leute/Kumpels

FLIRTEN UND MEHR

estar caídinho por alguém [sch'tar ka'idinju pur_al'gäi]	jdn toll finden
engatar alguém [enga'tar al'gäi]/ (Br) **dar em cima de/azarar alguém** [dar äi ,sima/asa'rar]	jdn anmachen/jdn anbaggern
(Br) **paquerar** [pake'rar]	flirten
(Br) **cair na cantada** [ka'ir na ka'ntada]	die Anmache nett finden
(Br) **se dar bem com alguém** [si dar bäi]	bei jdm landen
(Br) **abandonar o jogo no primeiro tempo** [abandu'nar_u ,schogo nu pri'meru ,tempu]	zu früh aufgeben (wörtl. das Spiel in der ersten Halbzeit verlassen)
És um avião!/(Br) **És gostosa!** [äs_ung 'awiau/ä go'schtosa]	Du gefällst mir! (És um avião wörtl. Du bist ein Flugzeug!)*
curtir/beijar/(Br) **ficar** [kur'tir/bäisch'ar/fi'kar]	knutschen
(Br) **dar um frio na barriga** [dar ung ,friu na ba'higa]	Schmetterlinge im Bauch haben (wörtl. kalt im Bauch werden)
(Br) **ficar de quatro por alguém** [fi'kar dschi ,kuatru pur au'gäi]	schwer verliebt sein
namorar alguém/(Br) **ficar com alguém** [namo'rar al'gäi/fi'kar kong au'gäi]	mit jdm zusammensein
estar com o pau/tesão/(Br) **pau duro** [sch'tar ku pau/tö'sau/pau ,duru]	eine Latte haben
camisinha [kami'sinja]	Gummi/Präser

dar uma rapidinha [dar_'uma rrapi'dinja]	ein Quickie
dar a cambalhota [dar_a kamba'ljota]	Sex haben (wörtl. eine Rolle machen)
mandar uma/ir ao pito/foder/(Br) trepar ['mandar_'uma/ir_au 'pitu/trä'par/fu'der]	vögeln
dar tampa alguém [dar 'tamp_al'gäi]	jdn versetzen
pôr alguém a andar/(Br) dar o fora [por_al'gäi 'andar/dar_u ˌfora]	mit jdm Schluss machen
O que os olhos não veem, o coração não sente. [u kj_us_'oljusch nau veäi u kura'ssau nau 'ssent]	aus den Augen, aus dem Sinn
Há mais marias na terra!/Há mais peixe no mar! [a maisch ma'riasch na tärra/a maisch 'päischö nu mar]	Andere Mütter haben auch schöne Töchter/Söhne!
(Br) **pôr chifre em alguém** [por ˌschifri äi au'gäi]	jdn betrügen/fremdgehen
dar o nó [dar_u no]	heiraten
ser feito gato sapato [sser 'fäitu 'gatu ssa'patu]	unterm Pantoffel stehen

SCHIMPFEN, LÄSTERN, FLUCHEN

STANDARDS

Chega! [ˌschäga]	Es reicht!
Jesus!/Nossa Senhora!/Meu Deus! ['Schsusch/'Nossa sö'njora!/me-u ˌde-usch]	Meine Güte!/Großer Gott!
Porra!/(Br) Droga!(Br) Saco! ['porra/'droga/'saku]	Verdammt (nochmal)!
Merda! ['märda!]	Mist!
Fecha a matraca!/(Br) Cala a boca! ['fesch_a ma'traka/'kal_a ˌboka]	Halt die Klappe!
Baza!/Põe-te na alheta!/Dá à sola! ['basa/poit n_a'ljeta/da_a 'ssola]	Hau ab!
Vai dar banho ao cão! [wai dar ba'gno kau]	Verzieh dich! (wörtl. Geh deinen Hund waschen!)*
melgar alguém [mel'gar_al'gäi]	jdn veräppeln

*

ACHTUNG! SLANG

SPINNER UND TROTTEL

patego/labrego [pa'tegu/la'bregu]	Landpomeranze/Hinterwäldler
bicho do mato ['bischu du 'matu]	Eigenbrötler (wörtl. Wildtier)
cromo ['kromu]	(Computer-)Nerd
totó [to'to]	Streber
tamanco [ta'manku]	jd mit einer langen Leitung
imbecil/(Br) **idiota** [imbös'il/idschi'ota]	Trottel/Dummkopf
não saber a ponta de um corno [nau ssa'ber_a 'ponta d_ung 'kornu]	keine Ahnung von etwas haben
estar a anhar [sch'tar_'anjar]	keine Ahnung haben
burro como uma porta ['burru kom_'uma 'porta]	saudumm (wörtl. dumm wie eine Tür)
def [däf]	gaga
não jogar com o baralho todo [nau schugar k_u baraljo todu]	nicht mehr alle Tassen im Schrank haben (wörtl. nicht mit einem kompletten Kartenspiel spielen)
Está passado dos cornos/chalado da pinha! [sch'ta pa'ssadu dusch 'kornusch/scha'ladu da 'pinja]	Er ist übergeschnappt/ durchgedreht!
bater mal [ba'ter mal]	total verrückt sein
Ele é um doido varrido! [el_ä ung 'doidu wa'rridu]	Er hat einen totalen Dachschaden!
(Br) **Que cara sem noção!** [ke ,kara säi no'sau]	Der Typ merkt ja gar nichts mehr!
bacoco/nabo [ba'koku/'nabu]	Vollidiot (nabo wörtl. Rübe)

MEHR BELEIDIGUNGEN

calão [ka'lau]	faule Socke
chato como o caraças/melga/(Br) **encher o saco** ['schatu kom_o ka'rassasch/'mälga/äng'schär_u ,saku]	total nerven (melga wörtl. Mücke)
ser um fala-barato [sser_ung 'falabaratu]	ein Schwätzer sein
ter muita garganta [ter 'muinta gar'ganta]	große Klappe und nix dahinter
xico-esperto ['schiku sch'pertu]	Klugscheißer
mariquinhas [ma'rikinjasch]	Weichei/Warmduscher
pau mandado/Maria vai com as outras [pau man'dadu/maria wai ku_as 'otrasch]	Fähnlein im Wind/Mitläufer
lambe-botas/beija-cus/(Br) **puxa-saco** [lambö'botasch/'bäischacusch/'puscha ,saku]	Schleimer
não passar cartão [nau pa'ssar kar'tau]	sich zu fein sein
ter boca suja [ter 'boka 'ssuscha]	schrecklich ordinär sein
ter lata [ter 'lata]	dreist/frech sein
Cabrão! ['filju da 'puta/'kabrau]	Arschloch
o maior filho da puta à face da terra [u 'maior 'filju da 'puta a 'fassö da 'terra]	der größte Mistkerl weit und breit
cabra/(Br) **piranha** ['kabra/pi'ranja]	Zicke/Biest

UNAPPETITLICHES

cagadoiro/pissódromo [kaga'doiru/pi'ssodrumu]	Klo
mijar/fazer xixi ['mischar/fa'ser schi'schi]/ **mudar a água as azeitonas** [mu'dar_a 'agua as_asäi'tonas]	pinkeln (wörtl. das Olivenwasser austauschen)
fazer cocó/caca/ir cagar [fa'ser ko'ko/'kaka/ir ka'gar]/ **mandar um fax** ['mandar_ung fax]	kacken (wörtl. ein Fax schicken)*
borraneira/caganeira/(Br) **estar com piriri** [burra'näira/kaga'näira/äsch'tar kong piri'ri]	Dünnpfiff haben
dar um pum/dar um peido/mandar uma bufa [dar_ung pung/dar_ung 'päidu/'mandar_'uma bufa]	einen fahren lassen
ir ao grego/ir ao Gregório [ir_au 'gregu/ir_au grö'gorju]/ (Br) **chamar o Hugo** [scha'mar_u_'ugo]	sich übergeben (wörtl. den Raul bzw. Hugo rufen)

GELD

KOHLE

carcanhol/pilim/cheta/guito [karka'njol/pi'ling/scheta/gitu]/ (Br) **bufunfa/**(Br) **grana** [bu'funfa/'grana]	Kohle/Knete/Kies/Moos/Schotter
(Br) **cinco pau** [,sinko pau]	fünf Riesen (Tausender)
(Br) **dez conto** [däs ,konto]	zehn Tacken
(Br) **pratinha** [pra'tschinja]	Kleingeld

HABEN ODER NICHT

muita massa/muito pastel ['muinta 'massa/'muinto pasch'tel]	fette Kohle (wörtl. Teig/Pastete)
ser podre de rico [sser 'podrö dö 'rriku]	stinkreich sein
ganhar rios de dinheiro/(Br) **ganhar uma grana** [ganjar rriusch dö di'njäiru/ga'njar ,uma ,grana]	ein Schweinegeld verdienen
ser mãos largas [sser mausch lar'gasch]	großzügig
ser mãos fechadas/ser mão de vaca [sser mausch fe'schadasch/sser mau dö 'waka]	geizig/knauserig sein
(Br) **pão-duro** [pau ,duru]	Geizkragen
estar teso/andar nas lonas/não ter um tusto [sch'tar 'tesu/an'dar nasch 'lonasch/nau ter_ung 'tuschtu]	pleite/knapp bei Kasse sein
(Br) **estar quebrado/**(Br) **estar sem um puto** [äsch'tar ke'bradu/äsch'tar säi ung ,putu]	völlig abgebrannt sein

> www.marcopolo.de/portugiesisch

ACHTUNG! SLANG

KOSTEN ODER NICHT

Qual é o estrago? [kual_ä u sch'tragu]	Was kostet der Spaß?
custar os olhos da cara [kusch'tar_us_'oljusch da 'kara]	ein Vermögen kosten
(Br) **é um roubo!** [ä ung ˌhobu]	Das ist aber happig!
uma pechincha ['uma pö'schinscha]	ein Schnäppchen
de borla/(Br) **na faixa/**(Br) **zero oitocentos** [dö 'borla/na ˌfaischa/'sero oitu'sentus]	umsonst (zero oitocentos wörtl. Null-Achthundert)
custar uma bagatela/comprar pelo preço da chuva [kusch'tar_'uma bagatela/kom'prar plu 'pressu da 'schuwa]	'nen Appel und 'n Ei kosten

AUSGEBEN UND EINNEHMEN

(Br) **comprar uma besteira** [com'prar ˌuma be'schtera]	eine Kleinigkeit kaufen
levar alguém [lövar_al'gäi]	jemanden abzocken
gamar [ga'mar]	etwas abstauben
(Br) **tomar um prejuízo** [to'mar ung preschu'isu]	zu viel ausgeben/bezahlen
(Br) **Putz, que preju!** [putz ke pre'schu]	Mann, was für ein schlechter Deal!
atirar dinheiro pela janela [ati'rar di'njäiru pla scha'näla]	Geld zum Fenster rausschmeißen
estoirar a fortuna [sch'toirar_a 'furtuna]	sein Vermögen verpulvern
estragar dinheiro [schtra'gar di'njäiru]	sein Geld versaufen

ARBEIT

chegar a ser alguém [schögar_a 'sser_al'gäi]	es zu etwas bringen
um partidão [parti'dau]	Traumjob
estar afogado em trabalho [sch'tar 'afugadu äi tra'balju]	in Arbeit versinken
trabalhar que nem um boi/mouro/galego [traba'ljar k näi ung boi/'moru/galegu]	sich totarbeiten

(Br) **É osso!** [ä .osu]	Das ist ein harter Brocken!
(Br) **descascar o abacaxi** [deska'skar_u abakasch'i] (wörtl. die Ananas entkernen)	ein schwieriges Problem lösen
resvés Campo de Ourique ['räschväsch 'kampu d_orik]	haarscharf klappen
Isso é básico!/(Br) **É moleza!** [iss_ä 'basiku/ä mo'lesa]	Ist ja ein Kinderspiel!
andar a coçar os tomates/coçar a micose [an'dar_a ku'ssar_usch tu'matösch/ku'ssar_a mi'kosö]	Beamtenmikado spielen/so tun, als sei man beschäftigt
fazer gazeta [fa'ser ga'seta]	blaumachen/krankfeiern
ir por água abaixo [ir pur_'agua_'baischu]	schiefgehen
ir para o maneta [ir pro ma'neta]	kaputtgehen/im Eimer sein
lixar tudo [li'schar 'tudu]	vermasseln/in den Sand setzen
dar nas orelhas a alguém [dar nas_o'reljas_al'gäi]	jdm eine Standpauke halten
(Br) **engolir sapo** [ängu'lir .sapu]	eine Standpauke kriegen (wörtl. einen Frosch schlucken)

WETTER

Está cá uma brasa! [sch'ta ka 'uma brasa]/ **Está um calor dos infernos!** [äsch'ta ung ka'lor dos in'färnus]	Es ist tierisch heiß! (wörtl. Höllenhitze)
trabalhar para o bronze [traba'ljar 'pr_o 'bronsö]/ (Br) **tomar um solzinho** [to'mar ung sou'sinju]	ein bisschen Sonne tanken
(Br) **pegar uma praia** [pe'gar .uma .praia]	zum Strand gehen
parecer uma lagosta [parö'sser_'uma la'goschta]/ (Br) **estar um pimentão** [äsch'tar ung pimäng'tau]	krebsrot sein (wörtl. wie eine Garnele/Paprika)*
Está um frio de rachar! [sch'ta ung friu dö rraschar]	Es ist lausig kalt draußen!
Chove a potes/cântaros! ['schow_a 'potösch/'kantarusch]/ (Br) **Tá chovendo canivete!** [ta schu'wändu kani'wätschi]	Es regnet wie aus Eimern!
estar encharcado até aos ossos [sch'tar enschar'kadu atä aus_ossusch]/ (Br) **estar ensopado** [äsch'tar ängso'padu]	klatschnass sein (wörtl. bis auf die Knochen durchnässt/eingesuppt sein)

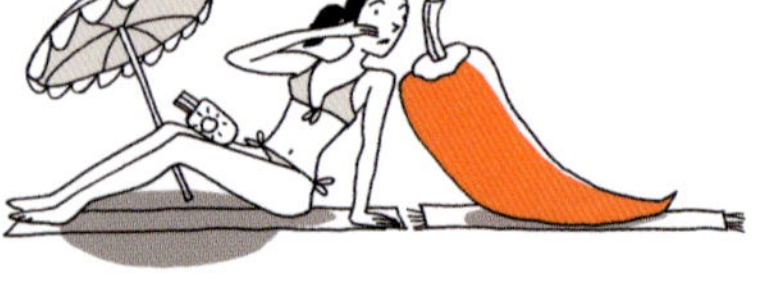

*

IMPRESSUM

Titelbild: Vektorgrafik (shutterstock/Cienpies Design)
Fotos: GettyImages: Andresr (68/69); GettyImages/Calvindexter (56 (16), 58/59 (11), 58/59 (22)); GettyImages/EyeEM: S. Arning (20/21); Getty Images/Kolostock: D./L. Jacobs (6/7); GettyImages/Plush Studios (54/55); huber-images: R. Schmid (3 Mi., 78/79); mauritius images/Alamy: I. Chiosea (2 re., 104/105), S. Reddy (36/37); mauritius images/Pixtal (3 li.); mauritius images/Westend61: G. Fochesato (10/11)
Illustrationen: Mascha Greune, München
Zeigebilder/Fotos: Lazi&Lazi; Food Collection; Comstock; stockbyte; Fisch-Informationszentrum e.V.; Fotolia/Christian Jung; Fotolia/ExQuisine; photos.com
Bildredaktion: Gabriele Forst; red.sign, Stuttgart (S. 41–45)
Zeigebilder/Illustrationen: Factor Product, München; HGV Hanseatische Gesellschaft für Verlagsservice, München (S. 44/45, 56, 58/59, 63, 66, 73, 75)

7., aktualisierte Auflage 2018

Chefredaktion: Marion Zorn, MAIRDUMONT, Ostfildern
Redaktion: PONS GmbH, Stuttgart; Tamara Hub, MAIRDUMONT, Ostfildern; Barbara Pflüger, Stuttgart; trans texas publishing services GmbH, Köln
Konzept und Projektleitung: Carolin Schmid, C.C.SCHMID München
Bearbeitet von: Isabel Morgado Kessler, Rudersberg; Ricardo Correia, London
Satz: Fotosatz Kaufmann, Stuttgart

Kapitel Achtung! Slang
Redaktion: MAIRDUMONT, Ostfildern; Bintang Buchservice GmbH, Berlin
Autoren: Diana Mendes Ferreira; Nicolas Stockmann, Berlin/Salvador (Brasilien)

Titelgestaltung: Michael Schipke, MAIRDUMONT
Innengestaltung: Zum goldenen Hirschen, Hamburg; red.sign, Stuttgart

Printed in Poland

MIX Paper FSC® C018236

> AUF ALLES VORBEREITET

Beim Arzt, bei der Polizei oder auf der Bank: Wenn's knifflig wird oder schnell gehen soll, dann hilft Ihnen dieses praktische Kapitel in jedem (Not-)Fall.

ARZT

AUSKUNFT | (AS) INFORMAÇÕES [(as_) infurma'soisch]

Können Sie mir einen guten ... empfehlen? — Pode-me indicar um bom … ['poddöm_indi'kar_ung bong]

- Arzt — médico? ['mädiku]
- Augenarzt — oftalmologista? [offtalmulu'schischta]
- Frauenarzt — ginecologista? [schinökulu'schischta]

VON A BIS Z

Hals-Nasen-Ohren-Arzt	otorrinolaringologista?	[ottorinularingulu'schischta]
Hautarzt	dermatologista?	[därmatulu'schischta]
Kinderarzt	pediatra?	[pö'djatra]
Zahnarzt	dentista?	[den'tischta]
Wo ist seine Praxis?	Onde é o consultório?	['ond‿ä u konsul'torrju]

Apotheke: Seite 53, 56

BEIM ARZT | NO MÉDICO [nu 'mädiku]

Was für Beschwerden haben Sie?	De que se queixa? [dö k s 'käischa]
Ich habe mich verletzt.	Aleijei-me. [aläi'schäim]
Mir ist schlecht.	Sinto-me mal. ['sintum mal]
Ich habe Kopfschmerzen.	Dói-me a cabeça. ['doim_a ka'besa]
Ich habe Halsschmerzen.	Dói-me a garganta. ['doim_a gar'ganta]
Ich habe Husten.	Tenho tosse ['tenju 'toss]
Ich bin allergisch gegen ...	Sou alérgico/alérgica a … [so a'lärschiku/a'lärschika a]
Antibiotika.	antibióticos. [antibi'otikusch]
Bienen.	abelhas. [a'beljasch]
Pollen.	pólen. ['polen]
Ich bin gegen ... geimpft.	Estou vacinado/vacinada contra … [schto vasi'nadu/vasi'nada 'kontra]
Hepatitis A/B/A und B	hepatite A/B/A e B. [epa'tit a/be/a i be]
Tetanus	tétano. ['tätanu]
Typhus	tifo. ['tifu]
Ich bin ...	Sou … [so]
Diabetiker.	diabético/diabética. [dja'bätiku/dja'bätika]
Epileptiker.	epilético/epilética. [epi'lätiku/epi'lätika]
Wie oft muss ich es einnehmen?	Quantas vezes devo tomar? ['kuantasch 'wesösch 'dewu tu'mar]
Wo tut es weh?	Onde é que lhe dói? ['ond_ä klj doi]
Ich habe hier Schmerzen.	Dói-me aqui. ['doim_a'ki]
Es ist nichts Ernstes.	Não é nada de grave. [nau ä 'nada dö 'graw]
Können Sie mir bitte etwas gegen ... geben/ verschreiben?	Pode-me dar/receitar qualquer coisa para …, se faz favor. ['poddöm dar/rösäi'tar kual'kär 'koisa 'para ...s fasch fa'wor]

BEIM ZAHNARZT | NO DENTISTA [nu den'tischta]

Ich habe (starke) Zahnschmerzen.	Tenho uma (grande) dor de dentes. ['tenj_'uma ('grand) dor dö 'dentösch]
Dieser Zahn (oben/unten/ vorn/hinten) tut weh.	Dói-me este dente (em cima /em baixo/à frente / atrás). ['doim_escht 'dent (äi 'sima/äi 'baischu/a 'frent/atrasch]
Ich habe eine Füllung verloren.	Perdi um chumbo. [pör'di ung 'schumbu]
Mir ist ein Zahn abgebrochen.	Partiu-se-me um dente. [par'tiusöm_ung 'dent]
Geben Sie mir bitte eine Spritze.	Por favor, dê-me uma inje(c)ção. [pur fa'wor 'dem_ 'uma inschä'sau]
Geben Sie mir bitte keine Spritze.	Por favor, não me dê nenhuma inje(c)ção. [pur fa'wor nau m de nö'njum_inschä'sau]

> ***www.marcopolo.de/portugiesisch***

VON A BIS Z

IM KRANKENHAUS | NO HOSPITAL [nu oschpi'tal]

Wie lange muss ich hier bleiben?	Quanto tempo terei de ficar aqui? ['kuantu 'tempu tö'räi döfi'kar a'ki]
Wann darf ich aufstehen?	Quando é que posso levantar-me? ['kuanduä k 'possu löwan'tarm]

Abszess	abcesso [ab'säsu]
Aids	SIDA ['sida], (Br) AIDS [aids]
Allergie	alergia [alör'schia]
ansteckend	contagioso [konta'schjosu]
Arm	braço ['brasu]
Asthma	asma ['aschma]
Atembeschwerden	a dificuldade de respirar [a difikul'dad dö röschpi'rar]
atmen	respirar [röschpi'rar]
Auge	os olhos [us_'olljusch]
Ausschlag	a erupção cutânea [a irup'sau ku'tanja]
Bänderriss	rotura de ligamentos [ru'tura dö liga'mentusch]
Bauch	o ventre [u 'wentr]
Bein	perna ['pärna]
bewusstlos	sem sentidos [säi sen'tidusch]
Blähungen	flatulência [flatu'lensja]
Blase	bexiga [bö'schiga]
Blinddarm	o apêndice [u a'pendis]
Blut	o sangue [u 'sang]
Blutdruck (hoch/ niedrig)	a tensão arterial (Br a pressão sanguínea), alta/baixa [a ten'sau artö'rjal (a pre'sau san'ginja) 'alta/'baischa]
bluten	sangrar [san'grar]
Borreliose	a borreliose [a buröli'os]
Bronchitis	a bronquite [a bron'kit]
Bruch	(Leisten~) hérnia ['ärnja], (Knochen~) fra(c)tura [fra'tura]
Brust	peito ['päitu]
Darm	intestino [intösch'tinu]
Diabetes	a diabetes [a dja'bätösch]
Durchfall	diarreia [dja'räja]
Eiter	o pus [u pusch]
Empfang	a recepção [a rösä'sau]
Entzündung	a inflamação [a inflama'sau]
erbrechen, sich	vomitar [wumi'tar]
erkälten, sich	constipar-se [konschti'pars], (Br) resfriar(-se) [res'frjar (si)]
Facharzt	o especialista [u schpösja'lischta]
Fehlgeburt	aborto [a'bortu]
Fieber	a febre [a 'fäbr]
Finger	dedo ['dedu]

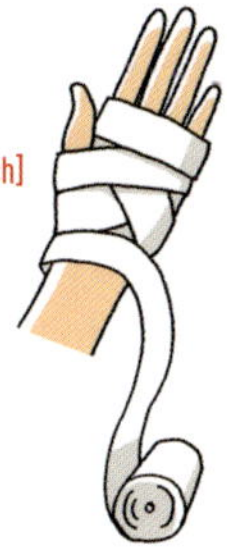

Fuß	o pé [u pä]
gebrochen	partido [par'tidu]
Gehirn	cérebro ['säröbru]
Gehirnerschütterung	traumatismo craniano [trauma'tischmu krani'anu]
Gehirnschlag	apoplexia cerebral [apoplä'ksia sörö'bral]
Gelbsucht	icterícia [iktö'risja], hepatite [äpa'tit]
Gelenk	a articulação [a‿artikula'sau]
Geschlechtskrankheit	doença venérea [du'ensa wö'närja]
Geschlechtsorgane	os órgãos genitais/sexuais [us‿'orrgausch schöni'taisch/säk'suaisch]
geschwollen	inchado [in'schadu]
Geschwür	úlcera ['ulsöra]
Gesicht	cara ['kara], rosto ['roschtu]
Grippe	a gripe [a 'grip]
Hals	pescoço [pösch'kosu], (Kehle) garganta [gar'ganta]
Halsschmerzen	as dores de garganta [asch 'dorösch dö gar'ganta]
Hand	a mão [a mau]
Haut	a pele [a 'päl]
Herpes	o herpes [u 'ärpösch]
Herz	o coração [u kura'sau]
Herzanfall	o ataque cardíaco [u a'tak kar'diaku]
Herzbeschwerden	as perturbações cardíacas [asch pörturba'soisch kar'diakasch]
Herzfehler	a lesão/deficiência cardíaca [a lö'sau/döfi'sjensja kar'diaka]
Herzinfarkt	o enfarte (de miocárdio) [u en'fart (dö mjoc'kardju)]
Herzschrittmacher	o pace-maker [u 'päis 'mäika]
Hexenschuss	lumbago [lum'bagu]
Hirnhautentzündung	a meningite [a mönin'schit]
HIV-positiv	seropositivo ['säru pusi'tiwu]
Hüfte	anca ['anka]
Husten	a tosse [a 'toss]
Impfung	a vacinação [a wasina'sau], vacina [wa'sina]
Infektion	a infecção [a infä'sau]
Ischias	ciática ['sjatika]
Kinderlähmung	paralisia infantil [parali'sia infan'til]
Knie	joelho ['schuelju]
Knöchel	tornozelo [turnu'selu]
Knochen	osso ['osu]
Knochenbruch	fra(c)tura [fra'tura]
Kolik	cólica ['kollika]
Kopf	cabeça [ka'besa]
Kopfschmerzen	a dor de cabeça [a dor dö ka'besa]
Krampf	cãibra ['käibra]
krank	doente [du'ent]

Krankenhaus	o hospital [u oschpi'tal]
Krankenschein	a credencial [a krödensj'al]
Krankenschwester	enfermeira [enför'mäira]
Krankheit	doença [du'ensa]
Krebs	cancro ['kankru], (Br) o câncer [u 'kansär]
Kreislaufstörung	queda de tensão ['käda döten'sau]
Lähmung	paralisia [parali'sia]
Lebensmittelvergiftung	a intoxicação alimentar [a intocksika'sau alimen'tar]
Leber	fígado ['figadu]
Leistenbruch	hérnia inguinal ['ärnja ingi'nal]
Lippe	lábio ['labju]
Loch (im Zahn)	furo (no dente) ['furu (nu 'dent)]
Lunge	o pulmão [u pul'mau]
Magen	estômago ['schtomagu]
Magenschmerzen	a dor de estômago [a dor dö 'schtomagu]
Mandeln	as amígdalas [as‿a'migdalasch]
Masern	sarampo [sa'rampu]
Menstruation	a menstruação [a menschtrua'sau]
Migräne	enxaqueca [enscha'keka]
Mittelohrentzündung	a otite [a ot'tit]
Mumps	a parotidite [a parotti'dit]
Mund	boca ['boka]
Muskel	músculo ['muschkulu]
Narbe	a cicatriz [a sika'trisch]
Narkose	anestesia [anöschtö'sia]
Nase	o nariz [u na'risch]
Nerv	nervo ['nerwu]
Nierenentzündung	a nefrite [a nö'frit]
Ohnmacht	desmaio [dösch'maju]
Ohr	orelha [o'relja], ouvido [o'widu]
Operation	a operação [a opöra'sau]
Pilzinfektion	a micose [a mi'kos]
Plombe	chumbo ['schumbu]
Pocken	varíola [wa'riula]
Praxis	consultório [konsul'torrju]
Prellung	a contusão [a kontu'sau]
Puls	pulso ['pulsu]
Quetschung	a contusão [a kontu'sau]
Rheuma	reumatismo [re-uma'tischmu]
Rippe	costela [kusch'täla]
röntgen	radiografar [radjugra'far]
Röteln	rubéola [ru'bäula]
Rücken	as costas [asch 'koschtasch]

Rückenschmerzen	a dor nas costas [a dor nasch 'koschtasch]
Salmonellen	as salmonelas [asch salmu'nälasch]
Schädel	crânio ['kranju]
Scharlach	escarlatina [schkarla'tina]
Schienbein	tíbia ['tibja]
Schlaflosigkeit	insónia [in'sonnja]
Schlaganfall	(o ataque de) apoplexia [(u a'tak d_) apoplä'ksia]
Schlüsselbein	clavícula [kla'wikula]
Schmerzen	as dores [asch 'dorösch]
Schnittwunde	o golpe [u 'gollp]
Schnupfen	a constipação [a konschtipa'sau], {Br} resfriado [res'frjadu]
Schulter	ombro ['ombru]
Schüttelfrost	os calafrios [usch kala'friusch]
schwanger/Schwangerschaft	grávida/gravidez ['grawida/grawi'desch]
Schwellung	inchaço [in'schasu]
Schwindel	a vertigem [a wör'tischäi], as tonturas [asch ton'turasch]
Sonnenstich	a insolação [a insula'sau]
Speiseröhre	esófago [i'soffagu]
Sprechstunde	(as horas de) consulta [(as 'orrasch d) kon'sulta]
Spritze	a inje(c)ção [a inschä'sau]
Stich	picada [pi'kada]
Stirnhöhlenentzündung	a sinusite [a sinu'sit]
Stuhlgang	as fezes [asch 'fäsösch]
Tetanus	tétano ['tätanu]
Trommelfell	(membrana do) tímpano [(mem'brana du) 'timpanu]
Typhus	o tifo [u 'tifu]
Übelkeit	náusea ['nausja], enjoo [en'schou]
Unterleib	o abdome [u ab'domm], baixo-ventre ['baischu 'wentr]
Untersuchung	o exame [u i'sam]
Urin	urina [u'rina]
verbinden	penso ['pensu], ligadura [liga'dura]
Verbrennung	queimadura [käima'dura]
Verdauung	a digestão [a dischösch'tau]
Verdauungsstörung	a indigestão [a indischösch'tau]
Vergiftung	envenenamento [enwönöna'mentu]
verletzen	ferir [fö'rir]
Verletzung	ferida [fö'rida]
verschreiben	receitar [rösäi'tar]
verstaucht	torcido [tur'sidu]
Verstopfung	a prisão de ventre [a pri'sau dö'wentr]
Virus	o vírus [u 'wirusch]
Wartezimmer	sala de espera ['sala dö_'schpära]
wehtun	doer [duer]
Windpocken	varicela [wari'säla]

Wunde	ferida [fö'rida]
Zahn	o dente [u 'dent]
Zecke	carraça [ka'rasa]
Zehe	dedo do pé ['dedu du pä]
Zerrung	a distensão [a dischten'sau]
ziehen (Zahn)	arrancar [aran'kar]
Zunge	língua ['lingua]

BANK/GELDWECHSEL

Zahlen: Umschlagklappe vorne

Wo ist hier bitte eine Bank?	Onde há aqui um banco? ['ond_a a'ki um 'banku]
Ich möchte ... in Reais (Br.) **wechseln.**	Queria trocar … por reais. [kö'ria tru'kar ...pur ri'ais]
... Euro	… Euros ['e-urusch]
... Schweizer Franken	… francos suíços ['frankusch 'suisusch]
Ich möchte diesen Reisescheck einlösen.	Queria receber este traveller. [kö'ria rösö'ber 'escht trawö'lär]
Darf ich bitte Ihren Pass sehen?	Pode-me mostrar o seu passaporte, se faz favor? ['poddöm musch'trar_u se-u pasa'porrts fasch fa'wor]
Würden Sie bitte hier unterschreiben?	Assine aqui, se faz favor. [a'sin_a'ki s fasch fa'wor]
Der Geldautomat akzeptiert meine Karte nicht.	A máquina do multibanco não aceita o meu cartão. [a 'makina du multi'banku nau a'säita u me-u kar'tau]
Der Geldautomat gibt meine Karte nicht mehr heraus.	A máquina do multibanco não me devolve o meu cartão. [a 'makina du multi'banku nau mö dö'wolw_u me-u kar'tau]

auszahlen	pagar [pa'gar]
Bank	banco ['banku]
Bankkarte	o cartão multibanco [u kr'tu multi'bku]
Betrag	importância [impur'tansja]
Cent	cêntimo ['sentimu]
Euro	Euro ['e-uru]
Formular	impresso [im'präsu]
Geheimzahl	código (secreto) ['kodigu sö'krätu]
Geld	dinheiro [di'njäiru]
Geldautomat	multibanco [multi'banku]
Geldwechsel	câmbio ['kambju]
Kasse	caixa ['kaischa]
Kreditkarte	o cartão de crédito [u kar'tau dö'kräditu]
Kurs	câmbio ['kambju]

Ladeterminal	multibanco para carregar [multi'banku 'para karö'gar]
Münze	moeda ['muäda]
Reisescheck	o traveller [u trawö'lär]
Schalter	o guiché [u gi'schä]
Scheck	o cheque [u 'schäk]
Schweizer Franken	franco suíço ['franku 'suisu]
umtauschen	cambiar [kam'bjar], trocar [tru'kar]
Unterschrift	assinatura [asina'tura]
Währung	moeda ['muäda]
Wechselkurs	(taxa de) câmbio [('tascha d) 'kambju]
Wechselstube	casa de câmbio ['kasa dö 'kambju]

FARBEN

> Zeigebilder: Seite 4

blau	azul [a'sul]
braun	castanho [kasch'tanju], (Br) marron [ma'rong]
farbig	de cor [dö kor]
gelb	amarelo [ama'rälu]
grau	cinzento [sing'sentu], (Br) cinza ['sinsa]
grün	verde ['werd]
orange	cor-de-laranja [kor dö la'ranscha]
rosa	cor-de-rosa [kor dö 'rosa]
rot	vermelho [wör'melju], encarnado [enkar'nadu]
schwarz	preto ['pretu], negro ['negru]
weiß	branco ['branku]

FOTOGRAFIEREN

> Zeigebilder: Seite 55

Dürfte ich Sie wohl fotografieren?	Posso-lhe tirar uma fotografia? ['posuljö ti'rar_'uma futugra'fia]
Ist hier Fotografieren erlaubt?	Aqui é permitido tirar fotografias? [a'ki ä pörmi'tidu ti'rar futugra'fiasch]
Könnten Sie bitte ein Foto von uns machen?	Podia tirar-nos uma fotografia, faz favor? [pu'dia ti'rarnus_'uma futugra'fia fasch fa'wor]

Drücken Sie bitte auf diesen Knopf.	Carregue neste botão. [ka'räg 'nescht bu'tau]
Das ist sehr freundlich!	É muito amável! [ä 'muintu a'mawäl]

FUNDBÜRO

Wo ist das Fundbüro, bitte?	Onde é são os perdidos e achados, se faz favor? [ondsau usch pör'didus_i a'schadusch s fasch fa'wor]
Ich habe ... verloren.	Perdi … [pör'di]
Ich habe meine Handtasche im Zug vergessen.	Esqueci-me da minha mala de mão no comboio (Br trem). [schkä'sim da 'minja 'mala dö mau nu kom'bojju]
Benachrichtigen Sie mich bitte, wenn sie abgegeben/gefunden werden sollte.	Avise-me, por favor, se alguém a entregar/achar. [a'wisöm pur fa'wor sjal'gäi a entrö'gar/_a'schar]
Hier ist meine Hotelanschrift.	Aqui tem o endereço do meu hotel. [a'ki täi u endö'resu du me-u ot'täl]

HANDY, TELEFON & CO.

Meine Prepaid-Karte ist leer.	O meu cartão pré-pago está vazio. [u me-u kar'tau prä'pagu schta wa'siu]
Haben Sie Guthabenkarten von ...?	Tem cartões da ...? [täi kar'toisch da]
Ich möchte meine Karte aufladen.	Queria carregar o meu cartão. [kö'ria karö'gar u me-u kar'tau]
Für welches Gebiet gilt diese SIM-Karte?	Para que zona é válido este cartão SIM? ['para k 'sona ä 'walidu 'escht kar'tau sim]
Wie viel kostet es pro Minute?	Quanto custa por minuto? ['kuantu 'kuschta pur mi'nutu]
Geben Sie mir bitte eine Tarifübersicht.	Dê-me uma tabela das tarifas, se faz favor. ['dem_'uma ta'bäla dasch ta'rifasch s fasch fa'wor]
Mein Akku ist leer. Haben Sie ein Ladekabel für mich?	O meu acumulador está vazio. Tem um cabo de carregamento? [u me-u akumula'dor schta wa'siu. Täi ung 'kabu dö karöga'mentu]
Ich möchte ein R-Gespräch führen.	Queria uma chamada a pagar no destino. [kö'ria 'uma scha'mad_ a pa'gar nu dösch'tinu]
Wie ist die Vorwahl von ...?	Qual é o indicativo de …? [kual_ä u indika'tiwu dö]
Ich möchte nach ... telefonieren.	Queria telefonar para … [kö'ria tölöfu'nar 'para]

Hier spricht ...	Aqui fala … [a'ki 'fala]
Haben Sie WLAN?	Tem rede Wi-Fi? [täi 'red uai fai]
Wie lautet das Passwort?	Qual é a palavra-passe? [kual ä a pa'lawra pas]
Ich bekomme keine Verbindung.	Não consigo estabelecer uma ligação. [nau konsi'gu schtabölöser ´uma liga'sau]
Kann ich bei Ihnen etwas ausdrucken?	Posso usar a sua impressora? ['possu u'sar a 'sua 'imprö'sora]

abnehmen	atender (o telefone) [aten'der(‿u tölö'fonn)]
Anruf	chamada [scha'mada]
Auskunft	(as) informações [(as‿) infurma'soisch]
Auslandsgespräch	chamada internacional [scha'mad‿intörnasju'nal]
besetzt	impedido [impö'didu]
Ferngespräch	(innerhalb des Landes) chamada interurbana [scha'mad‿intärur'bana]
Gebühr	taxa ['tascha], tarifa [ta'rifa]
GPS (Global Positioning System)	GPS [sche'pä'äß]
Handy	o telemóvel [u tälä'mowwäl], (Br) o celular [u selu'lar]
Hörer	o auscultador [u auschkulta'dor]
Ladekabel	cabo de carregamento ['kabu dö karöga'mentu]
Ortsgespräch	chamada local [scha'mada lu'kal]
Prepaid-Karte	o cartão pré-pago [u kar'tau prä'pagu]
SIM-Karte	o cartão SIM [u kar'tau sim]
Smartphone	o Smartphone [u smart'fon]
Telefon	o telefone [u tölö'fonn]
Telefonbuch	lista telefónica ['lischta tölö'fonnika]
Telefongespräch	chamada telefónica [scha'mada tölö'fonnika], o telefonema [u tölöfu'nema]
Telefonkarte	o credifone [u krädi'fonn], cartão de telefone [kar'tau dö tölö'fonn]
Telefonnummer	número de telefone ['numöru dö tölö'fonn]
Telefonzelle	cabina telefónica [ka'bina tölö'fonnika]
Verbindung	a ligação [a liga'sau]
Vorwahlnummer	indicativo [indika'tiwu]
wählen	marcar (o número) [mar'kar (u 'numöru)], (Br) discar [dis'kar]

MIT KINDERN UNTERWEGS

Gibt es auch Kinderportionen?	Tem também meias doses para crianças? [täi tam'bäi 'mejasch 'dossösch 'para 'krjansasch]

VON A BIS Z

Können Sie mir einen Spielplatz empfehlen?	Pode indicar-me um parque infantil? ['podd indi'karm 'um park infan'til]
Könnten Sie mir bitte das Fläschchen warm machen?	Podia aquecer o biberon, por favor? [pu'dia akä'ser u bibö'rong, pur fa'wor]
Bitte bringen Sie noch einen Kinderstuhl.	Podia trazer uma cadeira de criança, por favor. [pu'dia tra'ser uma ka'däira dö 'krjansa, pur fa'wor]

Babybett	cama de criança ['kama dö krj'ansa]
Babyfon	o interfone [u intör'fon]
Babynahrung	comida de bébé [ku'mida döbä'bä]
Babysitter	o/a babysitter [u/a bäbi'sitär]
Fläschchenwärmer	aquecedor de biberon [ak'äsödor dö bibö'rong]
Kinderautositz	cadeirinha para o carro [kadäir'rinja 'para o 'karu]
Kinderbetreuung	baby-sitting ['häibi 'siting]
Kinderermäßigung	o desconto para crianças [u dösch 'kontu 'para 'krjansasch]
Nichtschwimmer	não nadador [nau nada'dor]
Planschbecken	piscina para crianças [pisch'sina 'para 'krjansasch]
Saugflasche	o biberão [u bibö'rau]
Schnuller	chucha ['schuscha]
Schwimmflügel	as braçadeiras [asch brasa'däirasch]
Spielplatz	o parque infantil [u 'park_infan'til]
Spielsachen	os brinquedos [usch brin'kedusch]
Windeln	as fraldas [asch 'fraldasch]

POLIZEI

Wo ist bitte das nächste Polizeirevier?	Pode-me dizer, se faz favor, onde é a esquadra da polícia mais próxima? ['poddöm di'ser s fasch fa'wor 'ond_ä a 'schkuadra da pu'lisja maisch 'prossima]

WIE DIE EINHEIMISCHEN

Insider Tipp

SOS

Bei Unfällen, Pannen oder sonstigen unangenehmen Situationen, in denen Sie die Polizei benötigen, steht Ihnen in Großstädten die *PSP* (*Polícia de Segurança Pública* [pu'lisia dö sögu'ransa 'publika]), in Kleinstädten und ländlichen Gegenden die *GNR* (*Guarda Nacional Republicana* ['guarda nasiu'nal räpubli'kana]) zur Verfügung. Die Notrufnummer ist 112.

Ich möchte einen ... melden.	Quero participar … ['käru partisi'par]
Diebstahl	um roubo. [um 'robu]
Verlust	uma perda. ['uma 'perda]
Unfall	um acidente. [ung asi'dent]
Ich bin überfallen/ vergewaltigt worden.	Fui assaltado/-a/violada. [fu-i asal'tadu/asal'tada/wiu'lada]
Mir ist ... gestohlen worden.	Roubaram-me … [ro'baraum_]
die Handtasche	a mala (de mão) (Br a bolsa). [_a 'mala (dö mau) (a 'bolsa)]
der Geldbeutel	o porta-moedas. [u 'porta mu'ädasch]
mein Fotoapparat	a máquina fotográfica. [_a 'makina futu'grafika]
mein Auto	o carro. [_u 'karu]
Mein Auto ist aufgebrochen worden.	Arrombaram-me a porta do carro. [arom'baraum_a 'porrta du 'karu]
Aus meinem Auto ist ... gestohlen worden.	Roubaram-me do carro … [ro'baraum du 'karu]
Ich habe ... verloren.	Perdi … [pör'di]
Mein Sohn/Meine Tochter ist verschwunden.	O meu filho/A minha filha desapareceu. [u me-u 'filju/a 'minja 'filja dösaparö'se-u]
Können Sie mir bitte helfen?	Pode-me ajudar, por favor? ['poddöm_aschu'dar pur fa'wor]
Ich möchte einen Anwalt sprechen.	Quero falar com um advogado. ['käru fa'lar kong ung adöwu'gadu]
Wenden Sie sich bitte an das ...	Dirija-se, se faz favor, ao … [di'rischas s fasch fa -'wor_au]
deutsche Konsulat.	Consulado alemão. [konsu'ladu alö'mau]
österreichische Konsulat.	Consulado austríaco. [konsu'ladu ausch'triaku]
Schweizer Konsulat.	Consulado suíço. [konsu'ladu 'suisu]

anzeigen	denunciar [dönun'sjar]
Autoradio	rádio de automóvel ['radju d_autu'mowwäl]
Autoschlüssel	as chaves do carro [asch_'schawösch du 'karu]
belästigen	importunar [impurtu'nar]
beschlagnahmen	confiscar [konfisch'kar]
Botschaft	embaixada [embai'schada]
Brieftasche	carteira [kar'täira]
Dieb	o ladrão [u la'drau]
Diebstahl	roubo ['robu]
Gefängnis	a prisão [a pri'sau]
Geld	dinheiro [di'njäiru]
Geldbörse	bolsa ['bolsa]
Gericht	o tribunal [u tribu'nal]

VON A BIS Z

Papiere	os papéis [usch pa'päisch], os documentos [usch duku'mentusch]
Personalausweis	o bilhete (Br a carteira) de identidade [u bi'ljet (a kar'tera) d‿identi'dad]
Polizei	polícia [pu'lisja]
Polizist/in	o polícia/a mulher polícia [u pu'lisja/a mu'ljijär pu'lisja]
Rauschgift	droga ['drogga], os estupefacientes [us‿öschtupöfa'sjentösch], (Br) os entorpecentes [us‿entorpe'sentis]
Rechtsanwalt/-anwältin	advogado/advogada [adwu'gadu/adwu'gada]
Reisepass	o passaporte [u pasa'porrt]
Richter/in	o juiz/a juíza [u 'schuisch/a schu'isa]
Scheck	o cheque [u 'schäk]
Scheckkarte	o cartão eurocheque [u kar'tau e-uro'schäk]
Schlüssel	a chave [a 'schaw]
Taschendieb	o carteirista [u kartäi'rischta]
Überfall	assalto [a'saltu], a agressão [a‿agrö'sau]
Vergewaltigung	a violação [a wjula'sau]
verhaften	prender [pren'der]
verlieren	perder [pör'der]
zusammenschlagen	espancar [schpan'kar]

POST

Wo ist …	Onde é … ['ond‿ä]
das nächste Postamt?	o correio mais próximo? [u ku'reju maisch 'prossimu]
der nächste Briefkasten?	a caixa de correio mais próxima? [a 'kaischa dö ku'reju maisch 'prossima]

WIE DIE EINHEIMISCHEN

Insider Tipp

Stockwerkwald

Wohnungen/Häuser haben an den Klingelschildern (und Briefkästen) keinen Familiennamen der Bewohner.
Stattdessen stehen nur die Etagen, 1., 2., links oder rechts – *esquerdo* [sch'kerdu], *direito* [di'räitu] … Mit anderen Worten: Besuchen Sie einen Freund zu Hause, vergewissern Sie sich, dass Sie auch genau wissen, in welcher Etage etc. er wohnt. Seinen Namen werden Sie vergebens auf dem „Stockwerkwald" suchen.

Was kostet ...	Quanto é que se paga para ... ['kuantu ä ks'paga 'para]
ein Brief ...	uma carta ... ['uma 'karta]
eine Postkarte ...	um postal ... [um pusch'tal]
... nach Deutschland?	... para a Alemanha? ['para_alö'manja]
... nach Österreich?	... para a áustria? ['para_'auschtrja]
... in die Schweiz?	... para a Suíça? ['para 'suisa]
Diesen Brief bitte per ...	Queria mandar esta carta ... [kö'ria man'dar_'äschta 'karta]
Luftpost.	por avião. [pur_a'wjau]
Express.	por expresso. [pur 'schpräsu]

Absender	o remetente [u römö'tent]
Adresse	endereço [endö'resu]
aufgeben	enviar [en'wjar], mandar [man'dar]
ausfüllen	preencher [prjen'scher]
Brief	carta ['karta]
Briefkasten	caixa do correio ['kaischa du ku'reju]
Briefmarke	selo ['selu]
Briefumschlag	o envelope [u enwö'lopp]
Eilbrief	carta por expresso ['karta pur 'schpräsu]
Empfänger	destinatário [döschtina'tarju]
Formular	impresso [im'präsu]
frankieren	franquiar [fran'kjar]
Gebühr	taxa ['tascha], tarifa [ta'rifa]
Gewicht	peso ['pesu]

WIE DIE EINHEIMISCHEN

Insider Tipps

WIE DIE EINHEIMISCHEN

Hallo?

In Portugal meldet sich am Telefon niemand mit Namen. Ein einfaches *Estou* [schto] oder *Está* [schta] genügt bei einem Privatgespräch, um die grundsätzliche Bereitschaft zur Kommunikation zu signalisieren. Bei geschäftlichen Telefonaten wird dies durch *Bom dia* [bong 'dia] oder *Boa tarde* ['boa 'tard] ersetzt.

Kartenbetrieb

Es gibt viele Telefonzellen, die meisten funktionieren mit Telefonkarten. Karten bekommt man nicht nur bei der Post, sondern auch in Kiosken, Schreibwarenläden etc.

Hauptpostamt	a estação central dos correios [a schta'sau sen'tral dusch ku'rejusch]
Leerung	a tiragem [a ti'raschäi]
Luftpost, mit	por avião [pur_a'wjau]
Paket	encomenda postal [enku'menda pusch'tal]
Porto	o porte [u 'porrt], franquia [fran'kia]
Postkarte	o postal [u pusch'tal]
Postleitzahl	código postal ['koddigu pusch'tal]
Schalter	o guiché [u gi'schä]

TOILETTE UND BAD

Wo ist bitte die Toilette?	Por favor, onde é a casa de banho/(Br) o banheiro? [pur fa'wor ond_ä a 'kasa dö 'banju/u ba'njeru]
Dürfte ich wohl bei Ihnen die Toilette benutzen?	Posso usar a sua casa de banho/(Br) seu banheiro? ['posu u'sar a 'sua 'kasa dö 'banju/seu ba'njeru]
Würden Sie mir bitte den Schlüssel für die Toiletten geben?	Podia dar-me a chave da casa de banho/ (Br) do banheiro? [pu'dia 'darm_a 'schaw da 'kasa dö 'banju/du ba'njeru]
Die Toilette ist verstopft.	A retrete (Br privada) está entupida. [a rö'trät (pri'wada) schta entu'pida]

Damen	senhoras [sö'njorasch]
Handtuch	toalha ['tualja]
Handwaschbecken	lavatório [lawa'torju]
Herren	homens ['ommäisch]
sauber	limpo ['limpu]
schmutzig	sujo ['suschu]
Seife	o sabonete [u sabu'net]
Toilettenpapier	o papel higiénico (ê) [u pa'päl_i'schjäniku]
Wasserspülung	autoclismo [auto'klischmu], (Br) descarga [desch'karga]

Wetter: S. 19
Zahlen: Umschlagklappe vorne
Zeitangaben: S. 16/17

DIE 1333 WICHTIGSTEN WÖRTER

Die hinter der portugiesischen Aussprache aufgeführten Zahlen verweisen auf die entsprechenden Seiten der themenbezogenen Kapitel.

A

ab de [dö], desde ['deschd]; a partir de [a par'tir dö]

abbestellen (Zimmer) anular a reserva [anu'lar_a rö'särwa]; (Fahr-, Flugkarten) cancelar [kansö'lar]

Abend a tarde [a 'tard]; (nach Einbruch der Dunkelheit) a noite [a 'noit]

aber mas [masch]

Abfahrt partida [par'tida] > 31, 34

Abflug partida [par'tida] > 29

ablaufen (Frist) terminar [törmi'nar]; (Pass) caducar [kadu'kar]

ablehnen recusar [röku'sar]

Abreise partida [par'tida] > 67

abreisen (nach) partir (para) [par'tir ('para)]

Abschied nehmen despedir-se [deschpö'dirs] > 12

abschleppen rebocar [röbu'kar] > 25

Absender o remetente [u römö'tent] > 114

abwärts para baixo ['para 'baischu]

Achtung a atenção [a_aten'sau]

Adresse endereço [endö'resu] > 114

Aktivurlaub as férias a(c)tivas [asch 'färjas_a'tiwasch] > 81 ff.

alle todos ['toduschl]

allein só [so], sozinho [sos'sinju]

alles tudo ['tudu]

als (zeitlich) quando ['kuandu]; (bei Vergleich) que [k], do que [du k]

also então [en'tau], portanto [pur'tantu]

alt (nicht frisch) velho ['wäljju]; (aus früheren Zeiten) antigo [an'tigu]

Alter a idade [a i'dad] > 14

Amt (Dienststelle) a repartição [aröparti'sau]

an em [äi]

anbieten oferecer [oförö'ser]

andere, der ~ o outro [u 'otru]

ändern mudar [mu'dar], alterar [altö'rar]

anders adj diferente [difö'rent]; adv de outra maneira/forma [d_'otra ma'näira/'forrma]

Anfang começo [ku'mesu]

Angst medo ['medu]

anhalten parar [pa'rar]

ankommen chegar [schö'gar]

Ankunft chegada [schö'gada] > 29

anmelden (ankündigen) anunciar [anun'sjar]; (angeben) declarar [dökla'rar]; (einschreiben) inscrever [inschkrö'wer]

Anreisetag o dia da chegada [u 'dia da schö'gada]

Anruf chamada [scha'mada] > 116

anrufen telefonar [tölöfu'nar]

Anschluss a ligação [a liga'sau] (Br) a conexão [a konä'ksau] > 30

Anschrift endereço [endö'resu]

anstatt em vez de [äi wesch dö]

anstrengend cansativo [kansa'tiwu]

antworten responder [röschpon'der]

Apotheke farmácia [far'masja] > 53, 56

Appetit o apetite [u apö'tit]

arbeiten trabalhar [traba'ljljar]

ärgern, s. ~ über irritar-se com [iri'tars kong]

arm pobre ['pobbr]

Art maneira [ma'näira], modo ['moddu]

Arzt médico? ['mädiku] > 102 ff.

auch também [tam'bäi]

auch nicht também não [tam'bäi nau]

auf (1) prp sobre ['sobr], em cima de [äi 'sima dö], em [äi]

auf (2) (offen) aberto [a'bärtu]

aufbrechen (fortgehen) partir [par'tir]

Aufenthalt estadia [schta'dija]; (Zug) a paragem [a pa'raschäi], (Br) parada [pa'rada]

aufgeben (Brief, Telegramm) mandar [man'dar] > 114; (Gepäck) despachar [döschpa'schar] > 31

aufhören acabar [aka'bar], terminar [törmi'nar]

aufpassen (auf) tomar conta (de) [tu'mar 'konta (dö)]

aufstehen levantar-se [löwan'tars]

Augenblick momento [mu'mentu]

aus (Herkunft) de [dö]; (Material) de [dö]; (Grund) por [pur]

Ausfahrt saída [sa'ida]

Ausflug a excursão [a schkur'sau], passeio [pa'seju] > 77 f.
ausfüllen preencher [prjen'scher] > 114
Ausgang saída [sa'ida]
Auskunft a informação [a infurma'sau]
Ausländer/in estrangeiro/-a [schtran'schäiru/-a]
außen fora ['forra]
außer exce(p)to [sch'sätu], além de [a'läi dö]
außerdem além disso [a'läi 'disu]
Aussicht vista ['wischta]
aussprechen pronunciar [prunun'sjar]
aussteigen descer [dösch'ser] > 32, 34
Ausweis (Personal-) o bilhete de identidade [u bi'ljjet d_identi'dad]
Auto carro ['karu], o automóvel [u autu'mowwäl]; ~ **fahren** conduzir [kundu'cir] > 23 ff.
Autopapiere os papéis [usch pa'päisch] > 27, 113

B

Baby o bebé [u bä'bä] > 111 f.
Bahnhof a estação [a schta'sau] > 31 f.
bald logo ['loggu], em breve [äi 'bräw]
Bank (Geld-, Sitz-) banco ['banku] > 109 f.
Bar o bar [u bar] > 78
Baum a árvore [a 'arwur]
beachten considerar [konsidö'rar]
Beanstandung a reclamação [aröklama'sau] > 38, 66 f.
beantworten responder a [röschpon'der_a]
bedeuten significar [signifi'kar]
Bedienung serviço [sör'wisu]
beenden acabar [aka'bar], terminar [törmi'nar]
befinden, s. ~ encontrar-se [enkon'trars]
befreundet sein ser amigo [ser_a'migu]
befürchten recear [rö'sjar]
begegnen encontrar [enkon'trar]
beginnen começar [kumö'sar]
begleiten acompanhar [akompa'njar]
begrüßen cumprimentar [kumprimen'tar] > 10
behalten guardar [guar'dar], ficar com [fi'kar kong]
behindertengerecht equipado para deficientes [iki'padu 'para döfösi'entösch]
Behörde as autoridades [as_auturi'dadösch]
bei (nahe) perto de ['pärtu dö]
beide ambos ['ambusch], ambas ['ambasch]
Beileid os pêsames [usch 'pesamösch]
Beispiel exemplo [i'semplu]; **zum ~** por exemplo [pur_i'semplu]
beißen morder [mur'der]; (Insekten) picar [pi'kar]
beklagen, s. ~ (über) queixar-se (de) [käi'schars (dö)]
belästigen importunar [impurtu'nar], incomodar [inkumu'dar]
beleidigen ofender [ofen'der]
benachrichtigen avisar [awi'sar], informar [infur'mar]
benötigen precisar de [prösi'sar dö]
benutzen utilizar [utili'sar], usar [u'sar]; (Verkehrsmittel) tomar [tu'mar]
Benzin gasolina [gasu'lina]
Berg o monte [u 'mont]
Beruf a profissão [a prufi'sau]
beruhigen, s. ~ acalmar-se [akal'mars], serenar [sörö'nar]
beschädigen danificar [danifi'kar]
bescheinigen certificar [sörtifi'kar]
beschlagnahmen apreender [aprjen'der], confiscar [konfisch'kar]
beschließen resolver [rösoll'wer], decidir [dösi'dir]
beschweren, s. ~ (über) queixar- se (de) [käi'schars (dö)]
besetzt (Platz) ocupado [oku'padu]; (voll) completo [kom'plätu]
besichtigen visitar [wisi'tar]
Besichtigung visita [wi'sita] > 74 ff.
besitzen possuir [pu'suir], ter [ter]
Besitzer o possuidor [u pusui'dor]
besorgen arranjar [aran'schar]
bestätigen confirmar [konfir'mar]
Besteck o talher [u ta'ljär]
Bestellung pedido [pö'didu] > 38
besuchen, jdn ~ visitar alguém [wisi'tar_al'gäi]
Betrag importância, [impur'tansja], quantia [kuan'tia]
betreten entrar em [en'trar_äi]
betrinken, s. ~ embriagar-se [embrja'gars]
betrügen enganar [enga'nar]
betrunken embriagado [embrja'gadu]
Bett cama ['kama]
Bewohner o habitante [u abi'tant]
bewusstlos sem sentidos [säi sen'tidusch]
bezahlen pagar [pa'gar]
Biene abelha [a'beljja]
Bild (Foto) fotografia [futugra'fia]; (Abbildung) gravura [gra'wura]; (Gemälde) quadro ['kuadru]
billig barato [ba'ratu]

bis até [a'tä]

bisschen, ein ~ um pouco [um 'poku]

bitte se faz favor [s fasch fa'wor]; (Antwort auf Dank) de nada [dö 'nada]; **wie ~?** como? ['komu]

Bitte pedido [pö'didu]

bitten, jdn um etwas ~ pedir alguma coisa a alguém [pö'dir_al'guma 'koisa_algäi]

blau azul [a'sul]

bleiben ficar [fi'kar]

Blitz relâmpago, raio [rö'lampagu 'raju]

Blume a flor [a flor]

Blut o sangue [u 'sang]

Boden solo ['sollu], o chão [u schau]

Boot barco ['barku] > 82

böse mau [mau]; (verärgert) zangado [san'gadu]

Botschaft (dipl. Vertretung) embaixada [embai'schada]

Brand incêndio [in'sendju], fogo ['fogu]

brauchen precisar de [prösi'sar dö], necessitar (de) [nösösi'tar (dö)]; (Zeit) levar [lö'war]

brechen partir [par'tir], quebrar [kö'brar]

breit largo ['largu]

Bremse o travão [u tra'wau], (Br) freio ['freju] > 24 f.

brennen arder [ar'der]

Brief carta ['karta] > 114

Brieftasche carteira [kar'täira] > 113

Brille os óculos [us_'ockulusch] > 57 f.

bringen (her~) trazer [tra'ser]; (weg~) levar [lö'war]

Brot o pão [u pau]

Bruder o irmão [u ir'mau]

Buch livro ['liwru]

buchstabieren soletrar [sulö'trar], dizer as letras [di'ser_asch 'letrasch]

Bucht baía [ba'ia]

Buchung reserva [rö'särwa], a marcação [a marka'sau] > 6 ff.

Büro escritório [schkri'torrju]

Bus (Stadtverkehr) autocarro (Br o ônibus) [auto'karu (u 'onibus)]; (Überlandbus) camioneta [kamiju'näta] > 21, 34

C

Café o café [u ka'fä]

Camping campismo [kam'pischmu] (Br) o camping [u 'kamping] > 9, 64, 72 f.

Chef o chefe [u 'schäf]

Club/Diskothek o clube/discoteca [u 'klub/dischku'täka] > 78

Computer computador [komputa'dor] > 55

Computerfachgeschäft loja de computadores ['loscha dö komputa'dorösch] > 52, 55

Cousin/e primo ['primu], prima ['prima]

D

da (Ort) aí [a'i], ali [a'li], além [a'läi], lá [la]; (Grund) como ['komu], já que [scha k]

dafür sein ser a favor de [ser_a fa'wor dö]

dagegen sein ser contra [ser 'kontra]

daheim em casa [äi 'kasa]

daher (Grund) por isso [pur_'isu]

damals então [en'tau]

Dame senhora [sö'njora]

danach depois [dö'poisch]

danken agradecer [agradö'ser] > 12

dann então [en'tau], depois [dö'poisch]

da sein estar presente [schtar prö'sent]

dasselbe o mesmo [u 'meschmu]

Datum data ['data] > 18

Dauer a duração [a dura'sau]

dauern durar [du'rar]

Decke (Bett~) o cobertor [u kubör'tor]

defekt avariado [awa'rjadu]; danificado [danifi'kadu] > 24 f.

dein teu [te-u], tua ['tua]

denken an pensar em [pen'sar_äi]

denn pois [poisch], porque ['purk]

deshalb por isso [pur_'isu]

Deutsche, der, die ~ o alemão [u alö'mau], a alemã [a_alö'mang]

Deutschland Alemanha [alö'manja]

dich te [t], ti [ti]

dick gordo ['gordu]; (geschwollen) inchado [in'schadu]

Diebstahl roubo ['robu] > 112 f.

diese(r, s) esta ['äschta], este ['escht]; essa ['äsa], esse [es]

Ding coisa ['koisa]

dir te [t], ti [ti]

Direktor o dire(c)tor [u dirä'tor]

Disko discoteca [dischku'täka] > 78

doch mas [masch], porém [pu'räi]

Doktor o doutor [u do'tor], médico ['mädiku]

doppelt duplo ['duplu]

Dorf aldeia [al'däia]

draußen fora ['forra]

drin(nen) lá dentro [la 'dentru], no interior [nu intö'rjor]
dringend urgente [ur'schent]
Drogerie drogaria [druga'ria] > 52, 54
du tu [tu], (Br) você [wos'se]
dumm parvo ['parwu], tolo ['tolu]
dunkel escuro ['schkuru]
dünn delgado [däl'gadu]
durch (quer ~) através de [atra'wäsch dö]; (mittels) por [pur], por meio de [pur 'meju d]; (Passiv) por [pur]
Durchgang a passagem [a pa'saschäi]
Durchreise a passagem [a pa'saschäi]
Durchreisevisum visto de passagem ['wischtudöpa'saschal]
durchschnittlich adj médio ['mädju]; adv em média [äi 'mädja]
dürfen poder [pu'der]
durstig sein ter sede [ter 'sed]

E

eben (flach) plano ['planu]; (zeitlich) agora mesmo [a'gorra 'meschmu]
Ebene a planície [a pla'nisj]
echt autêntico [au'tentiku]
Ecke esquina ['schkina], canto ['kantu]
Ehe casamento [kasa'mentu]
Ehefrau a mulher [a mu'ljljär], esposa ['schposa]
Ehemann marido [ma'ridu], esposo ['schposu]
Ehepaar o casal [u ka'sal]
Ei ovo ['owu]
Eigentümer proprietário [pruprje'tarju], dono ['donu]
eilig apressado [aprö'sadu]
ein(e) um [ung], uma ['uma]
Einfuhr a importação [a impurta'sau]
Eingang entrada [en'trada]
einige alguns [al'gunsch], algumas [al'gumasch]
einigen unir [u'nir], unificar [unifi'kar]; s. ~ chegar a acordo [schö'gar_a a'kordu]
einkaufen comprar [kom'prar], fazer compras [fa'ser kom'prasch] > 50 ff.
einladen convidar [konwi'dar]
einmal uma vez ['uma wesch]
einreisen entrar [en'trar]
eins um [ung], uma ['uma]
einsam solitário [suli'tarju]; sozinho [sos'sinju]
eintreten entrar [en'trar]
Eintrittskarte o bilhete [u bi'ljet] > 79 f.
Einwohner o habitante [u abi'tant]
Eisenbahn caminho (Br estrada) de ferro [ka'minju (es'trada) dö'färu] >31 f.
Elektrohandlung loja de artigos elé(c)tricos ['loscha d_ar'tigus_i'lätrikusch] > 52, 55
Eltern os pais [usch paisch]
Empfang (Erhalt, Hotel, Besuch) a recepção [arösä'sau]
Empfänger destinatário [döschtina'tarju] > 114
empfehlen recomendar [rökumen'dar]
enden acabar [aka'bar], terminar [törmi'nar]
endgültig adj definitivo [döfini'tiwu]; adv definitivamente [döfinitiwa'ment]
endlich finalmente [final'ment]
englisch inglês [in'glesch]
Enkel/in o neto [u 'nätu], a neta [a 'näta]
entdecken descobrır [düschku'brir]
entfernt distante [disch'tant]
entgegengesetzt oposto [o'poschtu]
entlang ao longo de [au 'longu dö]
entscheiden decidir [dösi'dir], resolver [rösoll'wer]
entschließen, s. ~ decidir-se [dösi'dirs]
Entschluss a decisão [a dösi'sau], a resolução [a rösulu'sau]
entschuldigen desculpar [döschkul'par]; s. ~ desculpar-se [döschkul'pars] > 12
Entschuldigung desculpa [dösch'kulpa] > 12
enttäuscht desiludido [dösilu'didu]
entweder ... oder ou ... ou [o . . . o]
entwickeln desenvolver [dösenwoll'wer]
er ele ['el]
Erde terra ['tära]
Erdgeschoss o rés-do-chão [uräschdu'schau]
ereignen, s. ~ suceder [susö'der], acontecer [akontö'ser]
Ereignis acontecimento [akontösi'mentu]
erfahren (Verb) saber [sa'ber]; adj experiente [schpö'rjent]
erfreut (über) satisfeito (com) [satisch'fäitu (kong)], contente (com) [kon'tent(kong)]
Ergebnis resultado [rösul'tadu]
erhalten receber [rösö'ber]; (durch Bemühung) conseguir [konsö'gir], obter [ob'ter]
erhältlich, ist ~ está à venda [schta_a 'wenda]
erholen, s. ~ descansar [döschkan'sar], restabelecer se [röschtabölö'sers]
erinnern, jdn an etwas ~ lembrar alguma coisa a alguém [lem'brar_al'guma 'koisa_al'gäi];

s. ~ lembrar-se [lem'brars], recordar-se [rökur'dars]

erkennen reconhecer [rökunjö'ser]

erklären (angeben) declarar [dökla'rar]; (deutlich machen) explicar [schpli'kar]

erkundigen, s. ~ informar-se [infur'mars]

erlauben permitir [pörmi'tir]

Erlaubnis a permissão [a pörmi'sau], a autorização [a_auturisa'sau]

erledigen resolver [rösoll'wer], despachar [döschpa'schar]

Ermäßigung a redução [arödu'sau], desconto [dösch'kontu]

ernst sério ['särju]

erreichen alcançar [alkan'sar], conseguir [konsö'gir]

Ersatz (Schaden~) a inde(m)nização [a indö(m)nisa'sau]

erschöpft esgotado [schgu'tadu]

erschrecken assustar [asusch'tar]; (erschrocken sein) ficar assustado [fi'kar_asusch'tadu], assustar-se [asusch'tars]

ersetzen substituir [subschti'tuir]; (Schaden) reparar [röpa'rar]

erst (zuerst) primeiro [pri'mäiru]; (nicht früher als) só [so]

Erwachsene(r) adulta [a'dulta], adulto [a'dultu]

erzählen contar [kon'tar]

Erziehung a educação [a iduka'sau]

es gibt há [a]

essbar comestível [kumösch'tiwäl]

Essen (Nahrung) comida [ku'mida]; (Mahlzeit) a refeição [aröfäi'sau] > 46 ff.

essen comer [ku'mer]

etwa cerca de ['serka dö]

etwas algo ['algu], alguma coisa [al'guma 'koisa]; (ein wenig) um pouco [um 'poku]

euch (Dativ) vos [wusch], a vocês [a wos'sesch]; (Akkusativ) vos [wusch], (Br) vocês [wos'sesch]

euer vosso ['wossu]

Euro Euro ['e-uru] > 109

Europa Europa [e-u'roppa]

Europäer/in europeu [e-uru'pe-u], europeia [e-uru'peja]

F

Fabrik fábrica ['fabrika]

fahren ir [ir]; (lenken) conduzir [kondu'sir]

Fahrkarte o bilhete [u bi'ljet] > 32 ff.

Fahrplan horário [o'rarju] > 32

Fahrrad bicicleta [bisi'kläta] > 23 ff.

Fahrstuhl o elevador [u ilöwa'dor]

Fahrt a viagem [a 'wjaschäi]

fallen cair [ka'ir]

falsch falso ['falsu], errado [i'radu]; (betrügerisch) falso ['falsu]

Familie família [fa'milja]

Familienname apelido [apö'lidu] > 22

Farbe a cor [a kor] > 4, 110

faul preguiçoso [prögi'sosu]; (Obst) podre ['podr], estragado [schtra'gadu]

fehlen faltar [fal'tar]

Fehler (den man macht) erro ['eru], falta ['falta]; (den man hat) defeito [dö'fäitu]

Feiertag feriado [fö'rjadu] > 19

Feld campo ['kampu]

Fels rocha ['roscha], rochedo [ru'schedu]

Ferien as férias [asch 'färjas]

Ferienhaus o bangaló [u banga'lo] > 9, 70 f.

Ferngespräch chamada interurbana [scha'mad_intärur'bana] > 115 f.

fertig (bereit, vollständig) pronto ['prontu]

Fest festa ['fäschta] > 80 f.

fett gordo ['gordu]

feucht (h)úmido ['umidu]

Feuer fogo ['fogu]

Feuerlöscher o extintor (de incêndios) [u schtin'tor (d_in'sendjusch)]

Feuermelder o sinal de alarme de incêndio [u si'nal d_a'larm d_in'sendju]

Feuerwehr os bombeiros [usch bom'bäirusch]

Film (Foto) rolo ['rolu]; (Kino) o filme [u 'film] > 80

finden achar [a'schar], encontrar [enkon'trar]

Firma firma ['firma], empresa [em'presa]

Fisch o peixe [u 'päisch] > 45, 47, 60

Fischgeschäft peixaria [päischa'ria]

Flasche garrafa [ga'rafa]

Fleisch a carne [a 'karn] > 44, 47 f., 60

Fliege mosca ['moschka]

fliegen voar [wuar]; (mit dem Flugzeug) ir de avião [ir d_a'wjau]

fließen correr [ku'rer]

Flirt flirt [flart], namorico [namu'riku] > 15 f.

Flug voo ['wou]

Flughafen aeroporto [aäro'portu] > 29 f.

Flugzeug o avião [u a'wjau] > 29 f.

Fluss rio ['riu]

folgen seguir [sö'gir]
fordern exigir [isi'schir]
Formular impresso [im'präsu]
fort ausente [au'sent]
fortsetzen continuar [konti'nuar]
Foto a foto [a 'fotu], fotografia [futugra'fia]
Fotoartikel (loja de) artigos fotográficos [('loscha d_)ar'tigusch futu'grafikusch]
fotografieren fotografar [futugra'far], tirar fotografias [ti'rar futugra'fiasch] > 110
Frage pergunta [pör'gunta]
fragen perguntar [pörgun'tar]
frankieren franquiar [fran'kjar]
Frau a mulher [a mu'ljjär]; (Anrede, vor Namen) Senhora D. [sö'njora 'dona], D. ['dona]; (Ehe~) a mulher [a mu'ljjär], esposa ['schposa]
frei livre ['liwr]; (gratis) gratuito [gra'tuitu], grátis ['gratisch]
fremd (ausländisch) estrangeiro [schtran'schäiru]; (unbekannt) desconhecido [döschkunjö'sidu]
Fremde, der, die ~ o forasteiro [u furasch'täiru], a forasteira [a furasch'täira], o estrangeiro [u schtran'schäiru], a estrangeira [a schtran'schäira]
Fremdenführer o guia [u 'gia] > 75 f.
Freude alegria [alö'gria]
freuen, s. ~ über ficar satisfeito com [fi'kar satisch'fäitu kong]; **s. ~ auf** estar desejando [schtar dösö'schandu]
Freund/in amigo [a'migu]/amiga [a'miga]
freundlich amável [a'mawäl], cordial [kur'djal]
Friede a paz [a pasch]
frieren ter frio [ter 'friu], estar gelado [schtar schö'ladu], gelar [schö'lar]
frisch fresco ['freschku]; (neu) novo ['nowu], recente [rö'sent]; (Wäsche) lavado [la'wadu]
Friseur o salão de cabeleireiro [u sa'lau dökaböläi'räiru], barbearia [barbja'ria] > 52, 56 f.
froh (zufrieden) satisfeito [satisch'fäitu]
früh cedo ['sedu]
Frühstück pequeno almoço [pö'ken_al'mosu] (Br) o café da manhã [u ka'fä da ma'njang] > 46, 66
fühlen sentir [sen'tir]
Führer (für Fremde) o guia [u 'gia]
Führerschein carta (Br carteira) de condução ['karta (kar'tera) dökondu'sau] > 22, 25
Führung visita guiada [wi'sita 'gjada] > 75 f.
Fundbüro a se(c)ção de perdidos e achado [a säk'sau dö pör'didus_i a'schadusch] > 111
funktionieren funcionar [funsju'nar]
für para ['para], por [pur]
fürchten temer [tö'mer], recear [rö'sjar]; **s. ~ vor** ter medo de [ter 'medu dö]
fürchterlich terrível [tö'riwäl], horrível [o'riwäl]

G

Gabel garfo ['garfu]
Gang (Auto) a velocidade [a wölusi'dad]; (Durchgang) a passagem [a pa'saschäi]; (Essen) prato ['pratu]; (Flur) o corredor [u kurö'dor]
ganz adj todo ['todu]; (vollständig) completo [kom'plätu]; adv completamente [kumplöta'ment]
Garage a garagem [a ga'raschäi]
Garantie garantia [garan'tia]
Garten o jardim [u schar'ding]
Gast o hóspede [u 'oschpöd], convidado [konwi'dadu]
Gastgeber/in dono/dona da casa ['donu/'dona da 'kasa]
Gasthaus, ~hof a pensão [a pen'sau]
Gebäude edifício [idi'fisju] > 76
geben dar [dar]
Gebet a oração [a orra'sau]
Gebirge serra ['sära], as montanhas [asch mon'tanjasch]
geboren nascido [nasch'sidu]
Gebühr taxa ['tascha], tarifa [ta'rifa], o porte [u 'porrt]
Geburt nascimento [naschsi'mentu]
Geburtstag aniversário [aniwör'sarju]
Geburtsdatum data de nascimento ['data dö naschsi'mentu]
Geburtsname o nome de solteira [u 'nomdösol'täira] > 22
Geburtsort o lugar de nascimento [u lu'gar dönaschsi'mentu] > 22
Gedanke pensamento [pensa'mentu]
gefährlich perigoso [pöri'gosu]
Gefallen o prazer [u pra'ser]
Gefängnis a prisão [a pri'sau] > 113
Gefühl sentimento [senti'mentu]
gegen (wider) contra ['kontra]; (in Richtung auf, zeitlich) para ['para], a [a]
Gegend a região [arö'schjau]

Gegenstand (Gesprächs~) assunto [a'suntu]; (Ding) obje(c)to [ob'schätu]
Gegenteil contrário [kon'trarju]
geheim secreto [sö'krätu]
gehen ir [ir]; (zu Fuß) ir a pé [ir_a pä]
gehören ser de [ser dö]
Geistlicher o sacerdote [u sasör'dott], o padre [u 'padr]
gelb amarelo [ama'rälu]
Geld dinheiro [di'njäiru] > 109 f.
Geldautomat multibanco [multi'banku] > 109 f.
Geldstück moeda ['muäda]
Geldwechsel câmbio ['kambju] > 109 f.
Gelegenheit a ocasião [a oka'sjau], a oportunidade [a opurtuni'dad]
gemeinsam adj comum [ku'mung]; adv em comum [äi ku'mung], juntos ['schuntusch]
gemischt misturado [mischtu'radu], misto ['mischtu]
Gemüse legumes [lö'gumösch] > 41, 48, 60
genau exa(c)to [i'satu], preciso [prö'sisu]
genießen gozar [gu'sar]
genug bastante [basch'tant], suficiente [sufi'sjent]
geöffnet aberto [a'bärtu]
Gepäck a bagagem [a ba'gaschäi] > 29 ff.
geradeaus em frente [äi 'frent], a direito [a di'räitu]
Gericht (Essen) prato ['pratu]; (Justiz) o tribunal [u tribu'nal] > 113
gern com muito gosto [kong 'muintu 'goschtu]
Geruch cheiro ['schäiru]
Geschäft (Laden) loja ['loscha]
geschehen acontecer [akontö'ser], suceder [susö'der]
Geschenk o presente [u prö'sent]
Geschichte história ['schtorrja]
geschlossen fechado [fö'schadu]
Geschmack gosto ['goschtu]
Geschwindigkeit a velocidade [a wölusi'dad]
Gesellschaft companhia [kompa'njia], a sociedade [a susje'dad]
Gespräch conversa [kon'wärsa]
gesund são [sau], saudável [sau'dawäl]
Gesundheit a saúde [a sa'ud]
Getränk bebida [bö'bida] > 45, 49, 60
getrennt separado [söpa'radu]
Gewicht peso ['pesu]
gewinnen ganhar [ga'njar]
gewiss adj certo ['särtu]; adv certamente [särta'ment]
Gewitter trovoada [tru'wuada]
gibt, es ~ há [a]
Gift veneno [wö'nenu]
Gipfel cimo ['simu], o cume [u 'kum]
Gitarre guitarra [gi'tara], viola [wi'olla]
Glas (Scheibe) vidro ['widru]; (Trink~) copo ['koppu]
Glaube a fé [a fä], crença ['krensa]
glauben crer [krer], acreditar [akrödi'tar]
gleich adj igual [i'gual]; (sofort) já [scha], imediatamente [imödjata'ment]
Glück a felicidade [a fölisi'dad]
glücklich feliz [fö'lisch]
Glückwunsch os parabéns [usch para'bäisch], as felicitações [asch fölisita'soisch] > 12
Gott Deus ['de-usch]
Gottesdienst missa ['misa], ofício divino [o'fisju di'winu]
Grab túmulo ['tumulu], sepultura [söpul'tura]
Grad o grau [u grau]
gratulieren felicitar [fölisi'tar]
grau cinzento [sin'sentu]
Grenze fronteira [fron'täira]
groß grande ['grand]; (bedeutend) grande ['grand], importante [impur'tant]
Größe (Ausdehnung) a extensão [a schten'sau]; (Kleidung) tamanho [ta'manju]; (Schuhe) número ['numöru]
Großmutter a avó [a_a'wo]
Großvater a avô [u a'wo]
grün verde ['werd]
Grund a razão [a ra'sau], causa ['kausa]; (Beweg~) motivo [mu'tiwu]
Gruppe grupo ['grupu]
grüßen cumprimentar [kumprimen'tar]
gültig válido ['walidu] > 22
gut adj bom [bong]; adv bem [bäi]

H

Handy o telemóvel [u tälä'mowwäl], (Br) o celular [u selu'lar] > 117
Haar cabelo [ka'belu] > 56 f.
haben ter [ter]
Hafen porto ['portu] > 33
halb meio ['meju]
Hallo! olá! [ol'la]; (Telfon) Está lá? [schta la]
Halt! alto! ['altu]

WÖRTERBUCH

halten, (fest~) segurar [sögu'rar]; (stehen bleiben) parar [pa'rar]
Haltestelle a paragem [a pa'raschäi] (Br) parada [pa'rada]
hart duro ['duru]
hässlich feio ['feju]
häufig adv frequentemente [frökuentö'ment], muitas vezes ['muintasch 'wesösch]
Haus casa ['kasa]
Hausbesitzer proprietário (da casa) [pruprje'tarju (da 'kasa)]
hausgemacht de fabrico caseiro [dfa'briku ka'säiru]
Haushaltswaren artigos domésticos [ar'tigusch du'mäschtikusch] > 52, 72 f.
heilig santo ['santu], sagrado [sa'gradu]
Heimat pátria ['patrja], terra natal ['tära na'tal]
heimlich secreto [sö'krätu]; adv em segredo [äi sö'gredu]
Heimreise regresso [rö'gräsu]
heiraten casar(-se) [ka'sar(s)]
heiß quente ['kent]
heißen chamar [scha'mar], chamar-se [scha'mars]
heiter alegre [a'lägr]; (Wetter) (céu) limpo [(säu) 'limpu]
Heizung aquecimento [akäsi'mentu]
helfen, jdm ~ ajudar alguém [aschu'dar_al'gäi]
hell claro ['klaru]
Herein! entre! ['entr]
hereinkommen entrar [en'trar]
Herkunft origem [o'rischäi] > 14
Herr o senhor [u sö'njor]
heute hoje ['osch]
hier aqui [a'ki]
Hilfe ajuda [a'schuda]; **erste ~** os primeiros socorros [usch pri'mäirusch su'korrusch]
Himmel o céu [u säu]
hinlegen pôr [por]; **s. ~** deitar-se [däi'tars]
hinsetzen, s. ~ sentar-se [sen'tars]
hinter atrás de [a'trasch dö]
Hobby o hobby [u 'obbi] > 14 f.
hoch alto ['altu]
Hochzeit (Feier) casamento [kasa'mentu]
hoffen esperar [schpö'rar]
höflich cortês [kur'tesch], delicado [döli'kadu]
Höhe altura [al'tura]
Holz madeira [ma'däira]
Honorar os honorários [us_ono'rarjusch]
hören ouvir [o'wir]; (zu~) escutar [schku'tar]
Hotel o hotel [u ot'täl] > 6 ff., 64 ff.
hübsch bonito [bu'nitu], lindo ['lindu]
Hügel colina [ku'lina]
Hund o cão [u kau]
Hunger a fome [a 'fomm]
hungrig sein ter fome [ter 'fomm]
Hütte cabana [ka'bana]; (Berg~) abrigo [a'brigu]

I

ich eu [e-u]
Idee ideia [i'däja]
ihr (1) pers prn Plural vocês [wos'sesch]
ihr (1) pers prn weibl. Singular Dativ lhe [lj]
ihr/ihre (2) poss prn weibl. Singular dela ['däla], seu ['se-u], sua ['sua]
Imbiss merenda [mö'renda]
immer sempre ['sempr]
in em [äi]
inbegriffen incluído [in'kluidu]
informieren informar [infur'mar]
Inhalt conteúdo [kon'tjudu]
innen dentro ['dentru]
Innenstadt centro da cidade ['sentru da si'dad]
innerhalb (zeitlich) dentro de ['dentru dö]
Insekt inse(c)to [in'sätu]
Insel ilha ['iljlja]
interessieren, s. ~ (für) interessar-se (por) [intörö'sars (pur)]
international internacional [intörnasju'nal]
Internet a Internet [a intar'nät]
irren, s. ~ enganar-se [enga'nars]
Irrtum erro ['eru]

J

Jahr ano ['anu]
Jahreszeit a estação do ano [a schta'sau du 'anu] > 18
jeder adj cada ['kada]; prn cada um ['kada ung]
jedes Mal cada vez ['kada wesch]
jemand alguém [al'gäi]
jetzt agora [a'gorra]
Jugendherberge pousada de juventude [po'sada döschuwen'tud] > 64, 73
jung jovem ['schowwäi], novo ['nowu]
Junge o rapaz [u ra'pasch]
Junggeselle solteiro [sol'täiru]

K

Kabine cabina [ka'bina], o camarote [u kama'rott]

Kaffee o café [u ka'fä]
kalt frio ['friu]
Kanal esgoto ['schgotu]
Kapelle (Gebäude) capela [ka'päla]
kaputt estragado [schtra'gadu], partido [par'tidu]
Käse queijo ['käischu] > 43, 46, 60
Kasse caixa ['kaischa]; (Theater~) bilheteira [biljljö'täira], (Br) bilheteria [biljljete'ria]
Katze gato ['gatu]
Kauf compra ['kompra]
kaufen comprar [kom'prar]
kaum mal [mal]
Kaution a caução [a kau'sau], fiança ['fjansa]
kein nenhum [nö'njung]
keine(r) ninguém [nin'gäi]
Kellner/in empregado/empregada [emprö'gadu/emprö'gada], (Br) o garçom/a garçonete [u gar'son/a garso'näti]
kennen conhecer [kunjö'ser]
kennenlernen conhecer [kunjö'ser] > 10 f.
Kind criança ['krjansa] > 111 f.
Kino o cinema [u si'nema] > 79 f.
Kirche igreja [i'grescha]
Kissen almofada [almu'fada]
Kleidung vestuário [wösch'tuarju], roupa ['ropa] > 58 f.
klein pequeno [pö'kenu]; (Alter) novo ['nowu]
Kleingeld moedas [mu'ädasch]
Klima o clima [u 'klima]
Klingel campainha [kampa'inja]
klug esperto ['schpärtu], inteligente [intöli'schent]
Kneipe tasca ['taschka], taberna [ta'bärna]
knipsen tirar (uma fotografia) [ti'rar ('uma futugra'fia)]
kochen (Essen zubereiten) cozinhar [kusi'njar]; (Wasser) ferver [för'wer]
Koffer mala ['mala]
Kohle o carvão [u kar'wau]
kommen vir [wir]; (an~) chegar [schö'gar]
Kompass bússola ['busula]
Komplimente elogios [ilu'schiusch] > 13 f.
Kondom preservativo [prösörwa'tiwu]
Konfession a religiãu [a rölischi'jau]
können poder [pu'der]; (gelernt haben) saber [sa'ber]
Konsulat consulado [konsu'ladu] > 113
Kontakt conta(c)to [kon'taktu]
kontrollieren controlar [kontru'lar]
Konzert concerto [kon'sertu] > 79 f.
Körper corpo ['korpu]
kosten custar [kusch'tar]
krank doente ['duent] > 104 ff.
Krankenhaus o hospital [u oschpi'tal] > 105
Krankenwagen ambulância [ambu'lansja]
Krankheit doença ['duensa] > 104 ff.
Kreditkarte o cartão de crédito [u kar'tau dö'kräditu] > 50, 67, 109
Krieg guerra ['gära]
kritisieren criticar [kriti'kar]
Küche cozinha [ku'sinja]
kühl fresco ['freschku]
Kultur cultura [kul'tura] > 74 ff.
Kummer desgosto [dösch'goschtu]
kümmern, s. ~ um ocupar-se de [oku'pars d]; tratar de [tra'tar dö]
Kurs (Unterricht) curso ['kursu]; (Wechsel~) câmbio ['kambju] > 110
Kurve curva ['kurwa]
kurz (räumlich) curto ['kurtu]; (kurzgefasst) breve ['bräw]
kürzlich recentemente [rösentö'ment]
Kuss beijo ['bäischu]
küssen beijar [bäi'schar]
Küste costa ['koschta]

L

lachen rir [rir]
Laden loja ['loscha]
Lage a situação [a situa'sau]
Land o país [u pa'isch]; (Gegensatz zu Wasser) terra ['tära]
Landkarte o mapa [u 'mapa] > 63
Landschaft a paisagem [apai'saschäi]
lang comprido [kom'pridu]
Länge comprimento [kompri'mentu]
langsam adj lento ['lentu]; adv devagar [döwa'gar]
langweilig aborrecido [aburö'sidu]
Lärm ruído ['ruidu], barulho [ba'ruljlju]
lassen (zulassen) deixar [däi'schar]
lästig importuno [impur'tunu], maçador [masa'dor]
Lastwagen o camião [u ka'mjau], (Br) o caminhão [u kami'njau]
laufen correr [ku'rer]
laut alto ['altu]
Leben vida ['wida]

leben viver [wi'wer]
Lebensmittel os géneros alimentícios [usch 'schänörus_alimen'tisjusch] > 41 ff., 60 f.
ledig solteiro [sol'täiru]
leer vazio [wa'siu]
legen pôr [por]
leicht (einfach) fácil ['fasil]; (Gewicht) leve ['läw]
leider infelizmente [infölisch'ment]
leihen, (ver~) emprestar [empröschˈtar]; (ent~) pedir emprestado [pö'dir_empröschˈtadu]
leise baixo ['baischu]
Leiter/in o dire(c)tor/a dire(c)tora [u dirä'tor/a dirä'tora]
lesen ler [ler]
letzte(r, -s) última ['ultima], último ['ultimu]
Leute a gente [a 'schent]
Licht a luz [a lusch]
lieb caro ['karu]
lieben amar [a'mar], gostar de [gusch'tar dö]
liebenswürdig amável [a'mawäl]
lieber antes ['antösch]
Lied a canção [a kan'sau]
liegen (s. befinden) ficar [fi'kar]
links à esquerda [a 'schkerda]
Loch buraco [bu'raku], furo ['furu]
Löffel a colher [a ku'ljär]
Lohn salário [sa'larju]
Lokal (Gaststätte) o restaurante [u röschtau'rant], o café [u ka'fä]
löschen apagar [apa'gar]
Luft o ar [u ar]
Lüge mentira [men'tira]
lustig alegre [a'lägr]; (erheiternd) divertido [diwör'tidu]

M

machen (herstellen) fazer [fa'ser]
Mädchen rapariga [rapa'riga], moça ['mosa]
Mahlzeit a refeição [aröfäi'sau]
Mal a vez [a wesch]; **einmal** uma vez [uma wesch]
man se [s], a gente [a 'schent]
manchmal às vezes [asch 'wesösch]
Mangel (Fehlen) falta ['falta]; (Fehler) defeito [dö'fäitu]
Mann o homem [u 'ommäi]; (Ehe~) marido [ma'ridu]
männlich masculino [maschku'linu]
Markt mercado [mör'kadu], praça ['prasa] > 52, 77
Maschine máquina ['makina]
Maß medida [mö'dida]
Medikament medicamento [mödika'mentu], remédio [rö'mädju] > 53, 56
Meer o mar [u mar]
mehr mais [maisch]
mein(e) meu [me-u], minha ['minja]
meinen pensar [pen'sar]
Meinung a opinião [a opi'njau]
Mensch o homem [u 'ommäi], pessoa [pö'soa]
merken notar [nu'tar]; **s. etwas ~** tomar nota de alguma coisa [tu'mar 'notta d_al'guma 'koisa]
Messe (Kirche) missa ['misa]; (Ausstellung) feira ['fäira]
Messer faca ['faka]
mich me [m], mim [ming]
Miete renda ['renda]
mieten alugar [alu'gar]
Mietwagen carros de aluguer ['karusch dö alu'gär] > 28 f.
mindestens pelo menos ['pelu 'menusch]
minus menos ['menusch]
Minute minuto [mi'nutu]
mir me [m], mim [ming]
misstrauen desconfiar de [döschkon'fjar dö]
missverstehen entender/interpretar mal [enten'der/intörprö'tar mal]
mit com [kong]
mitbringen trazer [tra'ser]
mitnehmen levar [lö'war]
Mittag o meio-dia [u 'meju 'dia]
Mittagessen almoço [al'mosu]
Mitte meio ['meju]
mitteilen comunicar [kumuni'kar]
Mittel meio ['meju]; (Heil~) remédio [rö'mädju] > 53
Möbel o móvel [u 'mowwäl]
Mode moda ['modda] > 58 f.
modern moderno [mu'därnu]
mögen (gern haben) gostar de [gusch'tar dö]
möglich possível [pu'siwäl]
Moment momento [mu'mentu]
Monat o mês [u mesch] > 18
Mond lua ['lua]
Morgen a manhã [a ma'njang]
morgens de/pela manhã [d/'pela ma'njang]
Motor o motor [u mu'tor] > 24, 27

Motorrad a mota [a 'motta] > 23 ff.
Mücke mosquito [musch'kitu]
müde cansado [kan'sadu], fatigado [fati'gadu]
Mühe esforço ['schforsu]
Müll lixo ['lischu]
Münze moeda ['muäda]
Museum o museu [u mu'se-u] > 75 f.
Musik música ['musika]
müssen ter de [ter dö], dever [dö'wer]
Mutter a mãe [a mäi]

N

nach (zeitlich) depois de [dö'poisch dö]
Nachbar/in vizinho/vizinha [wi'sinju/wi'sina]
nachher depois [dö'poisch]
nachmittags à/de tarde [a/dö 'tard]
Nachname apelido [apö'lidu]
Nachricht notícia [nu'tisja]
nächste(r, -s) próximo ['prossimu], próxima ['prossima], seguinte [sö'gint]
Nacht a noite [a 'noit]
nackt nu [nu]
nahe perto ['pärtu]
Nahverkehr transporte urbano [tran'schporrtö_ur'banu] > 34 f.
Name o nome [u 'nom] > 11
nass molhado [mu'ljjadu]; (durchnässt) encharcado [enschar'kadu]
Nation a nação [a na'sau]
Natur natureza [natu'resa]
natürlich adj natural [natu'ral]; adv naturalmente [natural'ment], claro ['klaru]
neben junto de ['schuntu dö], ao lado de [au 'ladu dö]
Neffe sobrinho [su'brinju]
nehmen tomar [tu'mar]
nennen nomear [nu'mjar], chamar [scha'mar]
nervös nervoso [nör'wosu]
nett (hübsch) bonito [bu'nitu]; (freundlich) simpático [sim'patiku]
neu novo ['nowu]
neugierig curioso [ku'rjosu]
Neuigkeit notícia [nu'tisja]
nicht não [nau]
Nichte sobrinha [su'brinja]
nichts nada ['nada]
nie nunca ['nunka]
nieder, niedrig baixo ['baischu]
niemand ninguém [nin'gäi]
nirgends em parte nenhuma [äi 'part nö'njuma]
noch ainda [a'inda]
Norden o norte [u 'norrt]
Notausgang saída de emergência [sa'ida d_imör'schensja] > 30
Notbremse freio de emergência ['freju d_imör'schensja] > 32
nötig preciso [prö'sisu], necessário [nösö'sarju]
Notrufsäule o telefone de socorro [u tölö'fonndösu'koru] > 27
Nummer número ['numöru]
nur só [so], apenas [a'penasch]

O

ob se [s]
oben em cima [äi 'sima]
Ober chefe ['schäf], (Br) garçom [gar'son]
Obst fruta ['fruta]
oder ou [o]
Ofen fogão [fu'gau], forno ['fornu]
offen aberto [a'bärtu]
öffentlich público ['publiku]
öffnen abrir [a'brir]
Öffnungszeit horário de abertura [o'rarju d_abör'tura] > 51
oft muitas vezes ['muintasch 'wesösch], frequentemente [frökuentö'ment]
ohne sem [säi]
ohnmächtig desmaiado [döschma'jadu]
Öl óleo ['allju]
Onkel tio ['tiu]
Optiker o oculista [u ocku'lischta] > 52, 57 f.
Ort o lugar [u lu'gar], sítio ['sitju]
Ortschaft a povoação [a puwua'sau]
Osten o leste [u 'läscht], o oriente [u o'rjent]
Österreich Áustria ['auschtrja]
Österreicher/in austríaco [ausch'triaku], austríaca [ausch'triaka]
Ozean oceano [o'sjanu]

P

Paar, ein ~ um par de [um par dö]; (Ehe~) o casal [u ka'sal]
Päckchen o pacote [u pa'kott]; (Post) encomenda [enku'menda]
packen (Koffer) fazer as malas [fa'ser_asch 'malasch]
Paket o pacote [u pa'kott]; (Post) encomenda [enku'menda] > 115

WÖRTERBUCH

Panne avaria [awa'ria]
Papiere os papéis [usch pa'päisch], os documentos [usch duku'mentusch] > 113
Park o parque [u 'park]
parken estacionar [schtasju'nar]
Pass (Ausweis) o passaporte [u pasa'porrt] > 22, 113; (Gebirge) desfiladeiro [döschfila'dairu]
Passagier passageiro [pasa'schäiru]
passieren acontecer [akontö'ser]
Passkontrolle Controlo (Br controle) de passaportes [kon'trolu döpasa'porrtösch] > 22
Pension a pensão [a pen'sau] > 8 f., 64 ff.
Person pessoa [pö'soa]
Personal o pessoal [u pö'sual]
Personalausweis o bilhete (Br a carteira) de identidade [u bi'ljet(a kar'teira) d_idonti'dad]
Personalien os dados pessoais [usch 'dadusch pö'suaisch]
Pfand o penhor [u pö'njor]; (Flaschen~) depósito [dö'possitu]
Pflanze planta ['planta]
Pflicht a obrigação [a obriga'sau]
Platz (in der Stadt) praça ['prasa]; (Raum, Sitz) o lugar [u lu'gar]
plötzlich de repente [dö rö'pent]
plus mais [maisch]
Politik política [pu'litika]
Polizei polícia [pu'lisja] > 112 f.
Portier porteiro [pur'täiru]
Portugal Portugal [purtu'gal]
Portugiese o português [u purtu'gesch]
Portugiesin a portuguesa [a purtu'gesa]
portugiesisch português [purtu'gesch]
Postamt correio [ku'reju], a estação dos correios [a schta'sau dusch ku'rejusch] > 114 f.
Preis preço ['presu]
Priester o padre [u 'padr]
pro por [pur]
Programm o programa [u pru'grama]
Promille o nível de álcool no sangue [u 'niwäl d_'alkuoll nu 'sang]
Prozent por cento [pur 'sentu]
prüfen examinar [isami'nar]
pünktlich pontual [pon'tual]
putzen limpar [lim'par]

Q

Qualität a qualidade [a kuali'dad]
Quelle a fonte [a 'font]
quittieren passar recibo [pa'sarrö'sibu]

R

Rabatt desconto [dösch'kontu]
Rad fahren andar de bicicleta [an'dar döbisi'kläta] > 23 ff., 84 f.
Radio a rádio [a 'radju]
Radioapparat rádio ['radju]
Rampe rampa ['rampa]
Rand a margem [a 'marschäi], borda ['borrda]
rasch adj rápido ['rapidu]; adv depressa [dö'präsa], rapidamente [rapida'ment]
Rasen relva ['rälwa]; (Br) grama ['grama]
Raststätte o hotel [u ot'täl]
raten (Rat erteilen) aconselhar [akonsö'ljar]; (er~) adivinhar [adiwi'njar]
Rathaus Câmara Municipal ['kamara munisi'pal] (Br) Prefeitura [prefäi'tura]
rauchen fumar [fu'mar]
Raucher fumador [fuma'dor]
Raum espaço ['schpasu]; (Räumlichkeit) quarto ['kuartu], a divisão [a diwi'sau]
rechnen calcular [kalku'lar]
Rechnung fa(c)tura [fa'tura]; (im Restaurant, Café) conta ['konta] > 38 f.
Recht direito [di'räitu]
recht haben ter razão [ter ra'sau]
rechts à direita [a di'räita]
rechtzeitig adv a tempo [a 'tempu]
reden falar [fa'lar]
regeln regular [rögu'lar]
Regierung governo [gu'wernu]
regnen chover [schu'wer]
reich rico ['riku]
reinigen limpar [lim'par]
Reise a viagem [a 'wjaschäi]
Reisebüro agência de viagens [a'schensja dö 'wjaschäisch]
Reiseführer o guia [u 'gia]
reisen viajar [wja'schar]
Reisepass o passaporte [u pasa'porrt] > 22, 114
Reiseroute itinerário [itinö'rarju]
Reisescheck o cheque de viagem [u 'schäkd'wjaschäi]
reklamieren reclamar [rökla'mar] > 38, 66 f.
Reparatur a reparação [aröpara'sau]
Reservierung reserva [rö'särwa], a marcação [a marka'sau]
Rest resto ['räschtu]; (Stoff~) retalho [rö'taljju]
Restaurant o restaurante [uröschtau'rant] > 36 ff.
retten salvar [sal'war]

Rettungsboot barco salva-vidas ['barku 'salwa 'widasch]
Rezeption a recepção [a rösä(p)'sau] > 65 f.
richtig (Gegensatz zu falsch) certo ['särtu]; (geeignet) próprio ['propprju]
Richtung a dire(c)ção [a dirä'sau]
riechen cheirar [schäi'rar]
Risiko risco ['rischku]
Rollstuhl cadeira de rodas [ka'däira dö 'roddasch]
rot vermelho [wör'melju], encarnado [enkar'nadu]
Route itinerário [itinö'rarju]
Rückkehr volta ['wollta], regresso [rö'gräsu]
rufen chamar [scha'mar]
Ruhe descanso [dösch'kansu], repouso [rö'posu]; (seelisch, Stille) calma ['kalma]
ruhig calmo ['kalmu]
rund redondo [rö'dondu]

S

Saal sala ['sala]
Sache (Ding) coisa ['koisa]; (Angelegenheit) assunto [a'suntu]
sagen dizer [di'ser]
Saison a estação [a schta'sau], época ['äpuka]
sammeln cole(c)cionar [kuläsju'nar]
satt satisfeito [satisch'fäitu]; farto ['fartu]
Satz a frase [a 'fras]
sauber limpo ['limpu]
schade, es ist ~ é pena [ä 'pena]
schaden fazer mal a [fa'ser mal‿a]
Schadenersatz a inde(m)nização [a indömnisa'sau]
schädlich nocivo [nu'siwu]
Schalter o guiché [u gi'schä]; (Licht~) o interruptor [u intörup'tor]
schauen ver [wer], olhar [o'ljjar]
Scheck o cheque [u 'schäk] > 109 f.
schenken oferecer [oförö'ser]
Scherz gracejo [gra'seschu]
schicken mandar [man'dar], enviar [en'wjar]
Schiff navio [na'wiu] > 33
Schild placa ['plaka]
schimpfen ralhar [ra'ljjar]; insultar [insul'tar]
Schirm o guarda-chuva [u 'guarda 'schuwa]
schlafen dormir [dur'mir]
schlank delgado [däl'gadu], elegante [ilö'gant]
schlecht adj mau [mau]; adv mal [mal]
schließen fechar [fö'schar]
Schloss (Burg) castelo [kasch'tälu]; (Palast) palácio [pa'lasju]; (Tür) fecho ['feschu]
Schlüssel a chave [a 'schaw]
Schmerzen as dores [asch 'dorösch]
Schmuck as jóias [asch 'schojjasch], bijutaria (Br bijuteria) [bischuta'ria (bischute'ria)] > 61
schmuggeln fazer contrabando [fa'ser kontra'bandu]
Schmutz a sujidade [a suschi'dad]
schmutzig sujo ['suschu]
schneiden cortar [kur'tar]
schneien nevar [nö'war]
schnell adj rápido ['rapidu]; adv depressa [dö'präsa], rapidamente [rapida'ment]
Schnellimbiss a refeição rápida [arafäi'sau 'rapida]; o snack-bar [u snäk bar], (Br) a lanchonete [a lanscho'näti]
schon já [scha]
schön belo ['bälu], lindo ['lindu]
schrecklich terrível [tö'riwäl]
schreiben escrever [schkrö'wer]
Schreibwaren artigos de papelaria [ar'tigusch döpapöla'ria] > 63
schreien gritar [gri'tar]
Schrift (Hand~) escrita ['schkrita]
schriftlich por escrito [pur 'schkritu]
schüchtern tímido ['timidu]
Schuh sapato [sa'patu] > 62
Schuld culpa ['kulpa]; (Geld) dívida ['diwida]
schulden dever [dö'wer]
Schutz a prote(c)ção [a prutä'sau]
schwach fraco ['fraku]
Schwager cunhado [ku'njadu]
Schwägerin cunhada [ku'njada]
schwanger grávida ['grawida]
schwarz preto ['pretu], negro ['negru]
Schweigen silêncio [si'lensju]
Schweiz Suíça ['suisa]
Schweizer/in suíço/suíça ['suisu/'suisa]
schwer (Gewicht) pesado [pö'sadu]; (Krankheit) grave ['graw]; (schwierig) difícil [di'fisil]
Schwester a irmã [a ir'mang]; (Kranken~) enfermeira [enför'mäira]; (Ordens~) religiosa [röli'schjossa], freira ['fräira]
schwierig difícil [di'fisil]
Schwimmbad piscina [pisch'sina] > 81
schwimmen nadar [na'dar] > 81
schwindlig com vertigens [kong wörti'schäisch]
schwitzen suar [suar], transpirar [transchpi'rar]

See, die ~ (Meer) o mar [u mar], **der ~** (Binnengewässer) lago ['lagu]
sehen ver [wer]
Sehenswürdigkeiten os monumentos [usch munu'mentusch] > 74 ff.
sehr muito ['muintu]
sein (1) (Verb) ser [ser], estar [schtar]
sein (2) poss pron m seu ['se-u], sua ['sua]
seit prp desde ['deschd]; (Konjunktion) desde que ['deschd k]
Seite lado ['ladu]; (Buch~) página ['paschina]
Sekunde segundo [sö'gundu]
Selbstbedienung auto-serviço ['auto sör'wisu]
selten adj raro ['raru]; adv raras vezes ['rarasch 'wesösch], raramente [rara'ment]
senden (schicken) enviar [en'wjar]
servieren servir [sör'wir]
setzen pôr [por]; **s. ~** sentar-se [sen'tars]
Sex sexo ['säksu]
sicher adj seguro [sö'guru], certo ['särtu]; adv certamente [särta'ment], com certeza [kong sör'tesa]
Sicherheit segurança [sögu'ransa]; (Garantie) garantia [garan'tia]
Sicherung (elektr.) o fusível [u fu'siwäl]
Sicht vista ['wischta]
sichtbar visível [wi'siwäl]
sie ela ['äla]; eles ['elösch], elas ['älasch]
Sie você/vocês [wos'se/wos'sesch]; o senhor/a senhora/os senhores/as senhoras [u sö'njor/a sö'njora/osch sö'njorösch/asch sö'njorasch]
singen cantar [kan'tar]
sitzen estar sentado [schtar sen'tadu]
Smalltalk conversinha [konwär'sinja] > 14 f.
so assim [a'sing]
sofort imediatamente [imödjata'ment]
sogar até [a'tä], mesmo ['meschmu]
Sohn filho ['filjju]
sollen dever [dö'wer]
Sonne o sol [u soll]
Sonnenbrille os óculos de sol [us_'ockulusch d soll]
sonnig cheio de sol ['scheju dö soll]
sorgen, ~ für cuidar de [kui'dar dö]
Sorte a espécie [a 'schpäsj]; (Zigaretten) marca ['marka]
Souvenirs lembranças [lem'bransasch] > 62 f.
Spaß (Scherz) gracejo [gra'seschu], brincadeira [brinka'däira]; (Vergnügen) o prazer [u pra'ser]
spät tarde ['tard]
später adj posterior [puschtö'rjor]; adv mais tarde [maisch 'tard]
spazieren gehen passear [pa'sjar]
Speisekarte lista ['lischta], ementa [i'menta] (Br) cardápio [kar'dapju] > 38, 46 ff.
spielen jogar [schu'gar], brincar [brin'kar]
Spielzeug brinquedo [brin'kedu]
Sport desporto [dösch'portu], (Br) o esporte [u es'porrti] > 15, 81 ff.
Sprache língua ['lingua]
sprechen falar [fa'lar]
Staat Estado ['schtadu]
Staatsangehörigkeit a nacionalidade [a nasjunali'dad]
Stadt a cidade [a si'dad]
Stadtplan planta da cidade ['planta da si'dad] > 63
Stadtrundfahrt visita à cidade [wi'sita si'dad] > 74, 76
stammen provir [pru'wir], vir [wir]; **~ aus** ser natural de [ser natu'ral dö]
stattfinden realizar-se [rjali'sars]
stechen picar [pi'kar]
stehen estar [schtar], estar em pé [schtar_äi pä]
stehen bleiben (anhalten) parar [pa'rar]
stehlen roubar [ro'bar]
steigen subir [su'bir]
steil íngreme ['ingröm]
Stein pedra ['pädra]
Stelle (Ort) o lugar [u lu'gar], sítio ['sitju]
stellen pôr [por], colocar [kulu'kar]
Stellung a posição [a pusi'sau]; (An~) emprego [em'pregu]
sterben morrer [mu'rer]
Stern estrela ['schtrela]
Stil estilo ['schtilu]
still quieto ['kjätu], sossegado [susö'gadu], tranquilo [tran'kuilu]
Stimme a voz [a wosch]
Stock(werk) o andar [u an'dar], piso ['pisu]
Stoff tecido [tö'sidu], fazenda [fa'senda]
stören estorvar [schtur'war], incomodar [inkumu'dar]
stornieren cancelar [kansö'lar]
Störung estorvo ['schtorwu], incómodo [in'kommudu]; (Unterbrechung) a interrupção [a intörup'sau]
stoßen empurrar [empu'rar]
Strafe castigo [kasch'tigu], pena ['pena]; (Geld~) multa ['multa]

Strand praia ['praja] > 81 ff.
Straße rua ['rua]; (Land~) estrada ['schtrada]
Straßenkarte mapa de estradas ['mapa dö'schtradasch]
Strauß (Blumen) ramo ['ramu]
Strecke traje(c)to [tra'schätu]; (Bahn~) linha ['linja]
Strom (Fluss) rio ['riu]; (elektr.) a corrente [a ku'rent]
Stück peça ['päsa], bocado [bu'kadu]
studieren estudar [schtu'dar]
Stuhl cadeira [ka'däira]
Stunde hora ['orra]
suchen procurar [procku'rar]
Süden o sul [u sul]
Summe soma ['soma], quantia [kuan'tia]
Supermarkt supermercado [supärmör'kadu]

T

Tabak tabaco [ta'baku]
Tag o dia [u 'dia]
Tankstelle posto de gasolina ['poschtu dögasu'lina] > 23 f., 27
Tante tia ['tia]
tanzen dançar [dan'sar] > 78
Tätigkeit a a(c)tividade [a_atöwi'dad]
tauschen trocar [tru'kar]
täuschen, s. ~ enganar-se [enga'nars]
Taxi o táxi [u 'taksi]
Teil a parte [a 'part]
teilnehmen (an) participar (em) [partisi'par (äi)], tomar parte (em) [tu'mar 'part (äi)]
Telefon o telefone [u tölö'fonn] > 115 f.
telefonieren telefonar [tölöfu'nar] > 115 f.
Temperatur temperatura [tempöra'tura]
Termin data ['data]; (Frist) prazo ['prasu]
teuer caro ['karu]
Theater teatro ['tjatru] > 79 f.
tief fundo ['fundu], profundo [pru'fundu]; (niedrig) baixo ['baischu]
Tier o animal [u ani'mal]
Tisch mesa ['mesa]
Tochter filha ['filjlja]
Tod a morte [a 'morrt]
Toilette a retrete [a rö'trät], casa de banho ['kasa dö 'banju], (Br) banheiro [ba'njeru] > 37, 67, 117
Toilettenpapier o papel higiénico [u pa'päl_i'schjäniku]
Ton o som [u song]; (Farbe) o tom [u tong]
Tonwaren louça de barro ['losa dö 'baru]
Topf (Koch~) panela [pa'näla], tacho ['taschu]
tot morto ['mortu]
tragen levar [lö'war], trazer [tra'ser]
träumen sonhar [su'njar]
traurig triste ['trischt]
treffen encontrar [enkon'trar]
Treppe escada ['schkada]
trinken beber [bö'ber], tomar [tu'mar]
Trinkgeld gorjeta [gur'scheta] > 35, 39 f.
Trinkwasser água potável ['agua pu'tawäl]
trotzdem apesar disso [apö'sar 'disu]
Tschüss adeus [a'de-usch]; (Br) tchau [tschau]
tun fazer [fa'ser]
Tunnel o túnel [u 'tunäl]
Tür porta ['porrta]
typisch típico ['tipiku]

U

Übelkeit náusea ['nausja], enjôo [en'schou]
über sobre ['sobr], acima de [a'sima dö], por cima de [pur 'sima dö]
überall por toda a parte [pur 'toda 'part]
überfallen assaltar [asal'tar]
überholen ultrapassar [ultrapa'sar]
übernachten passar a noite [pa'sar a 'noit] > 6 ff., 64 ff.
überrascht surpreendido [surprjen'didu]
Übersee o ultramar [u ultra'mar]
übersetzen traduzir [tradu'sir]
überweisen enviar [en'wjar]
Ufer (Fluss) a margem [a 'marschäi]; (Meer) costa ['koschta]
Uhr relógio [rö'loschju]
Uhrzeit as horas [as_'orrasch] > 16
um (herum) em/à volta de [äi/a 'wollta dö]; (Zeitangabe) à/às [a/asch]; (gegen) pela/pelas ['pela/'pelasch]
umarmen abraçar [abra'sar]
umbuchen mudar o voo [mu'dar_u'wou] > 29 f.
Umleitung desvio [dösch'wiu]
umsonst (gratis) grátis ['gratisch], de graça [dö 'grasa]; (vergebens) em vão [äi wau]
umsteigen mudar de [mu'dar dö]
umtauschen trocar [tru'kar]
Umwelt o (meio) ambiente [u ('meju) am'bjent]
umziehen, s. ~ mudar de roupa [mu'dar dö 'ropa]
unbedingt adv absolutamente [absuluta'ment]
unbekannt desconhecido [döschkunjö'sidu]
und e [i]

Unfall o acidente [u asi'dent], o desastre [u dö'saschtr] > 24 f.
unfreundlich pouco amável ['poku a'mawäl]
ungefähr aproximadamente [aprossimada'ment]
ungesund nocivo à saúde [nu'siwu a sa'ud], não saudável [nau sau'dawäl]
ungewiss incerto [in'särtu]
Unglück desgraça [dösch'grasa], a infelicidade [a infölisi'dad]
unglücklich infeliz [infö'lisch]
ungültig inválido [in'walidu]
unhöflich indelicado [indöli'kadu]
Unkosten as despesas [asch dösch'pesasch]
unmöglich impossível [impu'siwäl]
unruhig inquieto [in'kjätu]
uns nos [nusch]
unschuldig inocente [inu'sent]
unser nosso ['nossu], nossa ['nossa]
unsere nossos ['nossusch], nossas ['nossasch]
unter debaixo de [dö'baischu dö], sob [sob]; (zwischen) entre ['entr]
unterbrechen interromper [intörom'per]
Unterführung a passagem subterrânea [a pa'saschäi subtö'ranja]
Unterhaltung (Gespräch) conversa [kon'wärsa]; (Vergnügen) divertimento [diwörti'mentu] > 78 ff.
Unterkunft alojamento [aluscha'mentu] > 6 ff., 64 ff.
Unterschied diferença [difö'rensa]
Unterschrift assinatura [asina'tura]
untersuchen examinar [isami'nar]
unterwegs no/a caminho [nu/a ka'minju]
unverschämt descarado [döschka'radu]
unwohl indisposto [indisch'poschtu]
Urlaub as férias [asch 'färiasch], licença [li'sensa]
Ursache causa ['kausa]
urteilen julgar [schul'gar]

V

Vater o pai [u pai]
Verabredung encontro [en'kontru] > 15 f.
verabschieden, s. ~ despedir-se [döschpö'dir s] > 12
verändern mudar [mu'dar]
Veranstaltung espectáculo [schpä'takulu]
Veranstaltungskalender o programa/calendário dos espe(c)táculos [u pru'grama/kalen'darju dus_öschpä'takulusch]
Verband (Medizin) penso ['pensu]
Verbindung a relação [aröla'sau]; (Zug, tele) a ligação [a liga'sau]
verboten! proibido! [prui'bidu]
verdienen ganhar [ga'njar]; (wert sein) merecer [mörö'ser]
verdorben estragado [schtra'gadu]; (faul) podre ['podr]; (sittlich) corru(p)to [ku'ruptu]
vereinbaren combinar [kombi'nar]
Verfassung a constituição [a konschtitui'sau]; (Zustand) estado ['schtadu]
Vergangenheit passado [pa'sadu]
vergessen esquecer(-se de) [schkä'ser(sdö)]
Vergewaltigung a violação [a wjula'sau] > 114
Vergiftung envenenamento [enwönöna'mentu], a intoxicação [a intocksika'sau]
Vergnügen o prazer [u pra'ser]; (Unterhaltung) divertimento [diwörti'mento]
verheiratet (mit) casado (com) [ka'sadu (kong)]
Verhütungsmittel anticonceptivo [antikonsäp'tiwu]
verirren, s. ~ perder-se [pör'ders]
Verkauf venda ['wenda]
Verkehr trânsito ['transitu]
Verkehrsbüro Turismo [tu'rischmu]
verlängern (zeitlich) prorrogar [pruru'gar]
verlieren perder [pör'der] > 111
verloben, s. mit jdm ~ ficar noivo/noiva de alguém [fi'kar 'noiwu/'noiwa d_al'gäi]
Verlobte(r) noivo ['noiwu]/noiva ['noiwa]
Verlust perda ['pärda]
vermieten alugar [alu'gar]
versäumen (verpassen) perder [pör'der]
verschieben (zeitlich) adiar [a'djar]
verschieden diferente [difö'rent]
verschreiben receitar [rösäi'tar] > 104
Versehen, aus ~ por engano [pur_en'ganu]
Versicherung seguro [sö'guru]
verspäten, s. ~ atrasar-se [atra'sars]
Versprechen promessa [pru'mäsa]
verständigen, jdn ~ informar alguém [infur'mar_al'gäi]; **s. ~** entender-se [enten'ders]
verstehen entender [enten'der], compreender [komprjen'der]
versuchen tentar [ten'tar]; (Speisen) provar [pru'war]
Vertrag contrato [kon'tratu]
verunglücken ser vítima dum acidente [ser 'witima dung asi'dent]
verwandt parente [pa'rent]
verwechseln confundir [konfun'dir]

Verzeichnis lista ['lischta]
verzeihen perdoar [pör'duar]
verzollen pagar direitos [pa'gar di'räitusch]
viel muito ['muintu]
vielleicht talvez [tal'wesch]
Visum visto ['wischtu] > 22
Volk povo ['powu]
voll cheio ['scheju]; (~ besetzt) com-pleto [kom'plätu]; (ganz) total [tu'tal]
Vollpension a pensão completa [a pen'sau kom'pläta] > 66, 68
von de [dö]; (Passiv) por [pur]
vor (räumlich) diante de ['djant dö]; (zeitlich) antes de ['antösch dö]
Voranmeldung pré-aviso [prä a'wisu], a marcação prévia [a marka'sau 'präwja]
Voraus, im ~ de antemão [d_antö'mau]
vorher antes ['antösch]
vormittags de manhã [dma'njang]
Vorname o nome [u 'nom]
Vorort, Vorstadt os subúrbios [usch su'burbjusch]
Vorsaison época baixa ['äpuka 'baischa]
Vorschrift a prescrição [a pröschkri'sau]
Vorsicht cautela [kau'täla], cuidado [kui'dadu]; **~!** cuidado! [kui'dadu]
Vorstellung (Begriff) a noção [a nu'sau]; (Theater) a representação [aröprösenta'sau]; > 79 f.
Vorverkauf venda antecipada ['wend_antösi'pada] > 80
Vorwahlnummer indicativo [indika'tiwu]
vorziehen preferir [pröfö'rir]

W

wach acordado [akur'dadu]
wählen escolher [schku'ljjer]; (Politik) eleger [ilö'scher], votar [wu'tar]; (Telefon) marcar [mar'kar]
wahr verdadeiro [wörda'däiru]
während prp durante [du'rant]; conj enquanto [en'kuantu]
wahrscheinlich provável [pru'wawäl]
Währung moeda ['muäda] > 110
Wald floresta [flu'räschta], o bosque [u 'boschk]
Wanderkarte roteiro [ru'tairu]
Wandern marcha ['marscha] > 85
Wann? Quando? ['kuandu]; **seit wann?** Desde quando? ['deschd 'kuandu]
warm quente ['kent]
warnen (vor) avisar (de) [awi'sar (dö)]
warten esperar [schpö'rar]
Wartesaal sala de espera ['sala dö_'schpära]
Wartezimmer sala de espera ['sala dö_'schpära]
Warum? Porquê? [pur'ke]
was que [k], o que [u k]; **~?** o quê [u ke]
waschen lavar [la'war]
Wasser água ['agua]
wechseln (Geld) cambiar [kam'bjar], trocar [tru'kar]
wecken acordar [akur'dar], despertar [döschpör'tar]
Weg caminho [ka'minju]
weg fora ['forra], ausente [au'sent]
wegen por causa de [pur 'kausa dö]
weggehen ir-se embora [irs_em'borra]
Wegweiser placa de caminhos ['plaka döka'minjusch]
wehtun doer [duer]
weiblich feminino [fömi'ninu]
weich mole ['moll], brando ['brandu], macio [ma'siu]; (Ton, Farbe) suave ['suaw]
weigern, s. ~ recusar-se [röku'sars]
weil porque ['purk]
weinen chorar [schu'rar]
weiß branco ['branku]
weit (Gegenteil von eng) largo ['largu]; (Weg) longo ['longu]; (entfernt) distante [disch'tant], adv longe ['öansch]
Welche(r/s)? Qual? [kual]
Welt mundo ['mundu]
Wem? A quem? [a käi]
Wen? Quem? [käi]
wenig pouco ['poku]
weniger menos ['menusch]
wenn (Bedingung) se [s]; (zeitlich) quando ['kuandu]
werden tornar-se [tur'nars]
Werkstatt oficina [ofi'sina] > 24, 28
werktags nos dias úteis [nusch 'dias_'utäisch]
Wer? Quem? [käi]
Wert o valor [u wa'lor]
Wessen? De quem? [dö käi]
Westen o oeste [u o'äscht], o ocidente [u osi'dent]
Wetter tempo ['tempu] > 19
wichtig importante [impur'tant]
wie (Frage, Vergleich) como ['komu]
Wie lange? Quanto tempo? ['kuantu 'tempu]
Wie viel? Quanto? ['kuantu]

wieder de novo [dö 'nowu], nova-mente [nowwa'ment]; (noch einmal) outra vez ['otra wesch]
wiederholen repetir [röpö'tir]
wiederkommen voltar [woll'tar], regressar [rögrö'sar]
wiedersehen tornar a ver [tur'nar_a wer]
wiegen pesar [pö'sar]
willkommen bem-vindo [bäi 'windu]
wir nós [nosch]
Wirt dono do restaurante ['donu duröschtau'rant]
Wo? Onde? [ond]
Woche semana [sö'mana] > 18
Woher? Donde? ['dond]
Wohin? Para onde? ['para 'ond]
wohnen morar [mu'rar]
Wohnort domicílio [dumi'silju]
Wohnung casa ['kasa], apartamento [aparta'mentu]
wollen querer [kö'rer]
Wort palavra [pa'lawra]
wünschen desejar [dösö'schar]
Wurst carnes frias ['karnösch 'friasch]
wütend furioso [fu'rjosu]

Z

Zahl número ['numöru]
zahlen pagar [pa'gar]
Zahlung pagamento [paga'mentu]
Zahnarzt dentista? [den'tischta] > 104
zeigen mostrar [musch'trar]; (hinweisen) indicar [indi'kar]
Zeit tempo ['tempu] > 16 ff.
Zeitangaben indicações temporais [indika'soisch tämpu'raisch] > 16 f.
Zeitschrift revista [rö'wischta] > 63
Zeitung o jornal [u schur'nal] >63
Zentrum centro ['sentru]
zerbrechlich frágil ['fraschil]
zerstören destruir [dösch'truir]
Zeuge testemunha [töschtö'munja]
ziehen puxar [pu'schar], tirar [ti'rar]
Ziel obje(c)tivo [obschä'tiwu], fim [fing]; (Reise~) destino [dösch'tinu]
Zigarette cigarro [si'garu]
Zimmer quarto ['kuartu] > 8 f., 64 ff.
Zoll alfândega [al'fandöga]
zornig furioso [furi'osu]
zu (1) (Richtung) para ['para], a [a]; (mit adj)
zu (2) (geschlossen) fechado [fö'schadu], demasiado [döma'sjadu]
zu sehr, zu viel de mais [dö maisch], demasiado [döma'sjadu]
zufrieden satisfeito [satisch'fäitu], contente [kon'tent]
Zug comboio [kom'bojju], (Br) trem [träi] > 31 f.
zumachen fechar [fö'schar]
zurück para trás ['para trasch]
zusammen juntos ['schuntusch], juntamente [schunta'ment]
zusätzlich adicional [adisju'nal], suplementar [suplömen'tar]
zuschauen ver [wer], olhar [o'ljjar]
Zuschlag suplemento [suplö'mentu], sobretaxa [sobrö'tascha]
zuschließen fechar à chave [fö'schar_a 'schaw]
zuständig competente [kompö'tent], responsável [röschpon'sawäl]
zu viel de mais [dö maisch], demasiado [döma'sjadu]
zweifeln, an etwas ~ duvidar de alguma coisa [duwi'dar d_al'guma 'koisa]
zwischen entre ['entr]

> BLOSS NICHT!

So vermeiden Sie Fettnäpfchen

Insider Tipps

Ansichtsbrief

Der Urlaub geht zu Ende, und es ist höchste Zeit, endlich die versprochenen Ansichtskarten zu schreiben. Sie gehen in ein Geschäft und möchten eine *carta*. Aber was sollen Sie mit einer Kollektion von Briefpapier und Briefumschlägen anfangen? Fragen Sie einfach nach *um postal* [um puschtal], dann können Sie lange Briefe *(carta)* vergessen.

Zigarros!

Ihr Gastgeber fragt Sie, ob Sie Lust haben, eine *cigarro* zu rauchen. Sie lehnen dankend ab, weil Sie meinen, er biete Ihnen eine Zigarre an, und die sind Ihnen zu stark; Sie rauchen nur Zigaretten. Wenn Ihnen Ihr Gastgeber jedoch besagte *cigarro* anbietet, nehmen Sie sein Angebot ruhig an. Es ist nämlich tatsächlich eine Zigarette und keine *charuto*, wie die Zigarre auf Portugiesisch heißt.

Tischsitten

Die Portugiesen halten es ähnlich wie die Schwaben: Sitzt eine Person an einem Tisch, ist der quasi komplett besetzt. Nehmen Sie besser an einem leeren Tisch Platz. Und wenn das Lokal überfüllt ist, fragen Sie beim Ober nach einem Tisch/Platz.

Wangenküsschen

Die Portugiesen küssen sich zur Begrüßung und zum Abschied auf die Wangen. Aber aufgepasst: Männer untereinander tun dies nicht! Ausnahme: (Groß-)Vater – (Enkel-)Sohn.

Puten-Sex *

Sie haben Hunger und wollen sich ein leckeres Sandwich bestellen. Aber bitte nicht *com puta*, wenn Sie Appetit auf ein Geflügelsandwich haben. Denn *puta* bedeutet „Prostituierte" und danach ist Ihnen sicher nicht zumute. Und erstaunte Blicke ersparen Sie sich ebenso.

Teppich-Tapeten

Ihr Hotelzimmer befindet sich in einem desolaten Zustand. Teilweise hängt sogar die Tapete von den Wänden herab. Voller Empörung berichten Sie Ihren portugiesischen Bekannten davon. Doch die schauen nur verständnislos bis neidisch. Denn *tapete* bedeutet „Teppich" und Teppiche an den Wänden findet man wohl nur noch in Fürstenhäusern oder absoluten First-Class-Hotels. Mit einem Lagebericht zu *papel de parede* kommt auch das erwartete Mitleid auf.